JN279887

日本労働法学会誌99号

解雇法制の再検討

日本労働法学会編

法律文化社

目次

〈シンポジウム〉

解雇法制の再検討

〈シンポジウム〉　解雇法制の再検討

解雇法制と労働市場政策の今日的課題——本学会報告の趣旨

解雇制限の規範的根拠

雇用終了における労働者保護の再検討
——解雇規制の実質化のために——

解雇事由の類型化と解雇権濫用の判断基準
——普通解雇法理の検討を中心として——

解雇規制をめぐる立法論の課題

解雇法制の論議について——一経済研究者の感想

□シンポジウムの記録□　解雇法制の再検討

解雇法制と労働市場政策の今日的課題——本学会報告の趣旨

浜村　彰
（法政大学教授）

はじめに

日本労働法学会が統一シンポジウムのテーマとして解雇問題を採り上げるのは、おそらく一九七九年秋季大会の「整理解雇の法理」以来、二〇余年ぶりのことであろう。オイルショックを契機として整理解雇の嵐が吹き荒れ、労働争議が多発した当時と比べて、今日ではそれを教訓としてむやみに整理解雇に走る企業の数は少ない。その代わりに、景気回復の兆しがいっこうに見えない中での失業者の増大を目の当たりにして、解雇規制の強化というよりもむしろそれを緩める方向での解雇法制の見直し論議が盛んになされている。

しかし、現在の経済・雇用状況や産業構造の変化ははたして解雇規制の緩和を早急に迫っているのであろうか。マクロ的視点から見て産業構造の変化に対応した産業間の労働力の移動と再配置が必要であるとしても、そのことから直ちに解雇規制の緩和が要請されるわけではあるまい。そうした労働力の適正配置を可能とする政策上のオプションは多数あるのであり、「解雇」というもっとも社会的コストの高い選択肢を選ぶ前に採用すべき政策的な施策や手段があるとするならば、それらの点についての論議をまずは先行させるべきであろう。

本学会報告は、後で触れるように解雇法制の今日的検討課題を析出し、将来の解雇法制のあり方を展望しようとするものであるが、本稿ではその前提作業として、今日における解雇法制の見直し論議の状況とその問題点を労働市場政策のあり方と関連させながら整理・検討することにしたい。

一 デフレ不況と雇用不安の拡大

バブル崩壊後日本経済が長期低迷状態にあえぐ中で、IT不況とテロ事件を契機に昨年九月頃からまた失業率が上昇し、ついに一一月には五・五％（完全失業者数三五〇万人）という史上最悪の数値を記録するにいたった。(1) とくに非自発的失業者が急増しており（一一月時点で対前年同月比二九万人増）、中高年層の経営都合による離職も増えている。(2) それとともに、常用雇用が年々減少し、パートや派遣などの非典型雇用が着実に増加する傾向を示している。(3) こうした統計数値から、リストラと称して人件費削減のために雇用調整を断行し、景気先行き不安のために徐々に常用雇用を非典型雇用に切り替えている日本の企業の姿を見て取ることができる。

このような失業者と不安定雇用の増大は、雇用不安から国民全体の消費を萎縮させ、需要減退による景気のさらなる低下と失業リスクの増大という、デフレ・スパイラルをもたらしているかのようである。

二 構造改革と解雇法制見直しのリスク

こうした中で、昨年暮れから政労使によるワーク・シェアリングについての三者協議がスタートし、労働時間の短縮に応じた賃金引き下げという新たな手法による雇用維持策が検討されている。他方、政府は、「構造改革なくして景気回復なし」をスローガンとする小泉内閣の登場により、それまでのバラマキ型景気対策を転換して不良債権処理を最優先課題とする市場重視型の経済構造改革に着手し、様々な分野での規制緩和を加速させている。とりわけ、昨年一二月には総合規制改革会議の第一次答申が提出され[4]、その中の「人材（労働）」の項目では、職業紹介規制の抜本的緩和、労働者派遣期間の延長、有期労働契約・裁量労働制の拡大と並んで、立法による解雇基準やルールの明確化が検討課題に上げられている。それに先行して一一月には、坂口厚生労働相が解雇要件や手続を明確にする法律案を今年度中にとりまとめ、二〇〇三年の通常国会に提出する旨の見解を明らかにした[5]。

　このような解雇法制の見直し論議の背景にあるのは、従来の解雇制限法理の厳格さが企業の採用意欲を抑制し新規雇用の創出を妨げているから、解雇規制を緩和すれば雇用が増えるはずだという主張である[6]。また、解雇規制が強い場合には、たとえ失業率が上昇してもすでに職についている労働者の雇用は確保され賃金は高止まりするが、未熟練労働者や若年労働者等のアウトサイダーは職を得ることができず、失業が長期化するというインサイダー・アウトサイダー理論の観点からの解雇法制の見直し論議もなされている[7]。さらに、現在の解雇規制は衰退産業から成長産業への労働力の移動を抑制し、企業による余剰労働力の抱え込みなどの社会的コストを生み出すと同時に産業構造の変化を妨げているとの指摘もなされている[8]。

　しかし、解雇規制と雇用・失業との関係については、労働経済学の分野でもいまだ定説をみていない。むしろ従来から企業特殊技能仮説に基づき、解雇制限法理による解雇規制は雇用の安定をインセンティブとした労働者の人的投資＝企業特殊熟練の蓄積を促し経営効率を高めるから、そのかぎりで解雇規制には経済的合理性があるとの主張もなされてきた[9]。また、解雇規制の強弱が雇用創出や失業などに及ぼす影響については必ずしも労働経済学者の間でコンセンサスが形成されておらず[10]、解雇規制の緩和が雇用の創出や失業率の低下をもたらすことについても統計的な検証がなされていないとの指摘がなされている[11]。インサイダー・アウトサイダー理論についても、いったん解雇が避けられない事態に陥った場合には、セニオリティ・ルールがない日本では、むしろ比較的コストの高い高齢者から解雇され[12]、それに代わって低コストの若年労働者や女性パートなどの非典型雇用に切り替えられる傾向にあるから、労働者間の賃金・労働条件格差が拡大こそすれ、解雇規制が原因となってただちにアウトサイダーの失業の長期化がもたらされるわけではないとの主張もなされている[13]。

このように考えるのならば、解雇規制を緩和すれば雇用が創出されるといった主張は、それを実行するにはあまりにも社会的リスクが大きい理論仮説ということができよう。解雇規制をむやみに緩めることは雇用創出というよりも、むしろ一時的に失業者を急増させ、たとえその後新規雇用が発生するといってもパートやアルバイトなどの非典型雇用が増えることになり、その結果、労働者間の労働条件格差の拡大と雇用・社会不安が広がることは避けられない[14]。

また、解雇制限法理は必ずしも日本的雇用慣行を前提として形成されたわけではないが、長期雇用慣行による雇用の安定が内部労働市場における弾力的雇用管理＝企業による一方的な労働条件の決定と変更をいとわない労働者の高い勤労意欲を支え、解雇制限法理がかかる雇用慣行と質の高い労働力の確保を法的にサポートしてきたことは否めない。その意味で、解雇規制の緩和はこうした労働者の雇用保障に対する信頼を喪わせ、労働者の勤労意欲の低下と労使双方のモラルハザードを生み出すことは想像するに難くない。

三　解雇法制と労働市場政策の今日的課題

もちろん、こうした日本的雇用慣行が右肩上がりの経済成長を所与としていた以上、もはや従来のように維持しえないことはいうまでもない。低成長下の産業構造の変化や高度化に対応して経済システムの構造改革が進められるべきとするならば、雇用・労働市場政策も、従来の景気循環を前提とした解雇予防と雇用維持を中心とした政策から、衰退産業から成長産業への労働力の移動を円滑に実現する労働市場システムの再構築へと、政策の軸足をシフトする必要がある。事実、今日高止まりしている失業率は、景気循環的な需要不足失業よりも構造的摩擦的失業によるところの方が大きいといわれており（二〇〇〇年一〇〜一二月期で三・八％）[15]、そのかぎりで失業率を低めるためには、なによりも労働力の適正な再配置を可能とする市場システムを整備することが必要なのである。

しかし、つとに指摘されているようにこれまでの日本の労働市場政策は、先進諸国と比べて財政支出の面からみると雇用政策費よりも景気対策としての公共事業投資の割合が多く、かつその相対的に少ない雇用政策支出も雇用調整助成金のように企業の雇用維持や雇入れ支援などの助成に多く割り当てられ、労働者個人の教育訓練や職業能力開発などの人的投資活動への支援は際だって少ないとされる[16]。その意味で、外部労働市場における労働力の円滑な移動を促すような施策は十分に講じられてこなかったといってよい。

もとより、最近においては教育訓練給付金制度の導入・拡大や第七次職業能力開発基本計画に見られるように労働者の能力開発を支援する方向に重点を移しつつあるが、欧米諸国と対比すると具体的な政策や制度の厚さにおいて見劣りすることは否定できない。たとえばアメリカの場合には、随意雇用原則により解雇の自由が徹底している反面、いったん失職した場合でも、労働市場システムが相当程度整備されていることから、失業期間は比較的短期間にとどまっている。すなわち、①どのような雇用のどのようなスキルが市場で求められ、そうした技能や職業資格を取得するためにはどのような教育・訓練プログラムが用意されているのか、という点についての情報がワンストップセンターにより整備・提供されていること、②そこで取得される職業能力の評価基準が社会的に確立され、かつそうした職業能力や資格が就業率や定着率を高め、将来の収入を引き上げる効果があるのか、という点についても施策評価制度が整えられていること、③しかもこうした就職支援・教育訓練システムが、各地方地域ごとの行政・企業・労働組合・教育訓練機関等の代表によって具体的に制度設計・運営されていることなど、労働者の雇用へのアクセスを円滑にする外部労働市場システムの整備化がかなり進んでいるといわれる(17)。

今日の失業率の高騰が構造的摩擦的失業により多く起因し、産業間の労働力移動を円滑にかつ低コストで実現することこそが失業率の低下により効果的であるとするならば、解雇法制を短絡的に見直すことよりも、労働市場システムの早急な整備を進めることの方が政策的優先順位が高いといえよう。日本的雇用慣行が緩やかに崩壊しつつある今日、これまでの企業内部労働市場に依拠した雇用・労働市場政策から、こうした個々の労働者が主体的に職業能力や資格を再開発し、転職による産業間の移動を積極的に行いうるような方向へ政策的比重が移されるべきである。そうした施策の展開により労働市場環境が整えられたことを前提として、はじめて解雇法制の見直しが本格的に論議されるべきと思われるのである。

四　本学会報告の趣旨と組立て

以上のような点一つとっても、現段階で解雇法制を緩和する方向で立法化を進めることには消極的とならざるをえない。仮に一歩譲って解雇規制の緩和により失業率が若干低下するとしても、ヨーロッパ諸国のように均等待遇原則や同一（価値）労働同一賃金原則が法ルールとして確立していない日本の産業社会においては、常用雇用の縮小と非典型雇用の増大により労働者間の分断が今以上に進行すると同時に、労働市場システムが整備されないままにそれがなされた場合には、失業の長期化による労働者（特に中高年）の社会的排除が拡大することになるであろう。それにより日本の国際競争力が高まり経済が再生したとしても、はたしてそれが国民の望む新たな社会モデルといえるのか、根本的な疑問を禁ずることができない。

本学会報告は、各報告者間でこのような認識や考え方が必ずしも共有されているわけではないが、それぞれの立場から今日の段階で解雇規制を緩和することについて基本的に反対であるという点では一致している。そこで、本報告グループは、最終的には解雇法制の立法論的問題提起を行うにしても、その前提作業として現在まで学説と判例の積み重ねにより構築されてきた解雇制限法理をあらためて検証することとし、とくにこれまで解雇理論の中でどちらかというと議論が尽くされていなかった問題領域を採り上げて、学会の論議をお願いすることにした。

まず最初に本久会員の報告論文では、解雇制限の規範的根拠として解雇制限法理の基礎理論の検討を行っている。前述したように今日の解雇制限法理はあまりにも厳格すぎるとの批判がたびたびなされているが、そうした批判に応えるために、そもそも使用者の解雇がなぜ法的に制限されなければならないのかを、もう一度法理論的に検証し直し、とくに労働契約論の観点から解雇制限の規範的根拠を再構成する試みがなされている。

それに続く根本会員の報告論文は、本久会員の報告を前提としてこれまで形成されてきた解雇制限法理の法理論枠組みや要件論について、特に普通解雇に焦点を当てて判例理論を中心に再検討している。従来、解雇制限法理については、類型的には懲戒解雇や整理解雇に関してそれなりの議論がなされてきたが、普通解雇についてはどちらかというと手薄であった。しかし、最近の普通解雇に関する裁判例をみると、解雇の有効要件として解雇の合理的理由と社会的相当性を明確にわけ、後者の社会的相当性の要件のところで解雇の絞り込みを図ろうとする新たな方向性を示すものが見られる。根本論文はこのような解雇権濫用法理の今日的状況を踏まえた上で、解雇制限法理の再意義付けと再構成を行うものである。

三番目の小宮会員の報告論文は、解雇法理の実質化としての解雇以外の労働者の意に反する労働契約の終了をめぐる法的問題の検討を行う。形式的には退職や合意解約という体裁をとりながら、実質的に解雇に等しい機能を持つ労働契約の終了形態について、擬制解雇あるいは準解雇法理等を用いながら、その法的規制と救済の在り方を検討する。また、これまでの解雇救済法理が主に解雇の効力論に傾いていたことを踏まえ、新たな法的救済としての損害賠償による紛争解決のあり方を再検討している。裁判実務的にはこの問題領域がもっとも重要な意味を持つものといえる。

そして、こうした理論的検討作業を踏まえ、最後の島田会員の報告論文は解雇法制の将来展望と立法構想論を提起している。先ほど触れたように、今日、規制改革の一貫として解雇法制の見直し作業が着手されようとしているが、日本的雇用慣行の変容を背景とした経済・産業政策的見地からのみの解雇法制の見直しを行うのではなく、雇用社会のみならず国民生活全体に関わる問題として解雇の持っている大きな社会的重みを踏まえ、より長いタイムスパンに立った将来の解雇法制の在り方を立法的視点から問題提起している。解雇規制の緩和のための立法論ではなく、従来の判例法理を踏まえた解雇基準と手続ルールの明確化を試みるものである。

なお、本報告の柱として特に整理解雇を設定しなかったが、その点については前回の学会のミニシンポにおいて「整理解雇法理の再検討」と題してすでに判例法理の理論的検討がなされていることから、今回はこうした判例法理の内容には立ち入らずに、そうした議論を考慮したうえで島田会員の立法構想論においてその規制対象の一つとして取り上げることにした。

(1) 総務省「平成一三年一一月労働力調査」。
(2) 厚生労働省「平成一三年上半期雇用動向調査」。
(3) 厚生労働省「平成一三年一一月毎月勤労統計調査」、同「平成一一年就業形態の多様化に関する総合実態調査」。
(4) http://www.soumu.go.jp/gyoukan/kanri/kanri_f.htm
(5) 朝日新聞二〇〇一年一一月五日。
(6) 典型的には末廣譲凡「雇用保護規制と労働市場」(二〇〇二年)八頁(http://www.nli-research.co.jp)。また、八代尚宏『雇用改革の時代』(一九九九年)九一頁参照。朝日新聞二〇〇一年五月一一日、同六月七日「とまどい多い解雇規制法制化」。
(7) この理論については、中田祥子「解雇法制と労働市場」日本労働研究機構雑誌四九一号(二〇〇一年)四六頁以下、大竹文雄

「高失業率時代における雇用政策」日本労働研究機構雑誌四六六号（一九九九年）一六頁以下参照。
（8）大竹・前掲論文一六頁以下、常木淳「不完備契約理論と解雇規制法理」日本労働研究機構雑誌四九一号（二〇〇一年）二六頁。
（9）中馬宏之「『解雇権濫用法理』の経済分析」三輪芳明・神田秀樹・柳川範之編『会社法の経済学』（一九九八年）四二五頁以下。中馬宏之・樋口美雄「経済環境の変化と長期雇用システム」『日本の雇用システムと労働市場』（一九九五年）三八頁以下。ただし、これに対しては常木・前掲論文による批判がある。
（10）中田・前掲論文五三頁。
（11）樋口美雄『雇用と失業の経済学』（二〇〇一年）四二五頁以下。これに対し、末廣前掲論文一五頁は、同じＯＥＣＤのデータを用いながら、雇用保護法制は労働市場の効率性を損ね、雇用情勢を悪化させる可能性があるとしている。
（12）小池和男「解雇からみた現代日本の労使関係」森口親司・青木昌彦・佐和隆光『日本経済の構造分析』（一九八三年）一〇九頁以下。
（13）大竹・前掲論文一六頁。
（14）樋口・前掲書四六二頁。
（15）厚生労働省『平成一三年度労働経済白書』。
（16）樋口・前掲書四〇一頁以下、黒沢昌子「職業訓練・能力開発」猪木武徳・大竹文雄『雇用政策の経済分析』（二〇〇一年）一四一頁。
（17）詳しくは、沼田雅之「アメリカ合衆国の職業教育・訓練に関する法制度」学会誌九八号（二〇〇一年）一七五頁以下、黒沢・前掲論文一五六頁以下参照。

（はまむら　あきら）

解雇制限の規範的根拠

本久洋一
（小樽商科大学助教授）

はじめに

解雇制限の規範的根拠については、戦後初期の解雇権論争の後、最近まで、正面から取り上げられることはなかった。判例上の解雇権濫用法理が安定するにしたがい、解雇自由説と正当事由説と間に実際上の違いはないとの見解が支配的になったからである(1)。

ところが、雇用環境の変化を背景に、最近になって再び議論が盛んになっている。労働者の人格権保護を解雇制限の根拠とするもの(2)、継続的契約規範に内在する普遍的法規範から解雇制限が正当化されるとするもの(3)、解雇は企業利益による正当化を要するとするもの(4)、あるいは信義則上の雇用維持義務を説くもの(5)。

問題は、人格権、企業利益、継続性あるいは信義則といった論拠が、現行の解雇権濫用法理の正当化に止まるのか、それとも新たな法的枠組を示唆するものであるのかが、はっきりとしないことである。法律問題として見た場合、現行の解雇権濫用法理をいかに正当化すべきかの議論を尽しても、問題の解決にはならないのではないか。現在の段階では、解雇権濫用法理の到達点を見極めつつ、立法論をも視野に含めて、合理的な解雇制限規範とは何かを正面から探究すべきではないか。

そこで、本稿では、解雇権濫用法理に代わる新たな法的枠組の提示を目的として、解雇制限規範の再構成を試みる。以下では、まず、法律構成の出発点として、民法六二七条一項の再検討を行う（一）。次に、解雇制限の理念について検討する（二）。右を踏まえ、解雇権濫用法理を批判的に検討したうえで新たな法的枠組を提示する（三）。おわりに、本稿の枠組における解雇の法的規制の実際について簡単に触れ、解雇制限規範の再構成のメリットを摘示する（四）。

一　解約権の性質・根拠

本稿では、期間の定めのない労働契約の使用者による一方的解約としての解雇を考察対象としている(6)。また、労働契約については、民法六二三条の基準を満たす契約で、労働法規が適用されるものと解している(7)。

解雇を扱うにあたって、まず検討しなくてはならないのは、民法六二七条一項の意義である。というのは、本条には、「各当事者ハ何時ニテモ解約ノ申入ヲ為スコトヲ得」との定めが置かれているからである。問題は、この法定解約権は、自由な解約権を定めるものなのか、さらには、任意規定か強行規定か(8)にある。

この点について、とくに「何時ニテモ」の意義について、立法者意思は明確ではない。実際、立法史料(9)の読み方については、学説上、解約自由を定めるものだとする見解(10)と、解約自由を積極的に宣明する趣旨ではないとする見解(11)との両説に分かれている。私もまた、立法史料には明確な答を見い出すことはできなかった。したがって、本条の意義を解明するにあたっては、解約自由の実質的根拠に遡っての目的論的解釈によらざるをえない。

解約自由の実質的根拠としては、従来から、以下の二点が挙げられている。

ひとつは、契約の自由を根拠とする。労働契約においては、解約の効果は遡及しない（民法六三〇条）のだから、解約とは継続しないということだ、継続するしないは、締結の自由と実質的には同じことだということが、解約自由の論拠とされてきた[12]。

しかし、第一に、これまで継続してきた契約を破棄することと、新たに契約を結ぶことは形式的にいって異なる。第二に、内容から見て、契約の自由といっても、雇傭は、継続的契約である点、および人の労働を対象とする点で、特別の考慮を要する。この点、戦後初期の解雇権論争と現在とでは、前提とする一般私法学の水準が大きく変化したことに注意すべきである[13]。実際、現在では、素朴な契約自由論を採る論者は、ほとんど見当たらない。

解約の自由の根拠としてはまた、人身の自由が根拠とされてきた。人的関係の継続を法は強制できないことを前提に、継続的な契約的拘束からの解放の保障として解約の自由を捉えるものである[14]。しかし、この論拠は、実際上重要な法人たる使用者には妥当しない。また、自然人たる使用者であっても、使用者は、経済活動を目的とする事業者なのであり、また契約上従属的地位に置かれるわけではないので、人身の自由という論拠がそのまま妥当するとは考えられない。

以上のようにして、解約自由の実質的根拠がそのまま妥当するのは、労働者による解約すなわち辞職についてのみであるということができる。労働者は、自然人として人身の自由を享受するとともに、労務遂行において使用者の命令に服するので、自由の回復という観点から、解約自由は積極的意味をもつ。その意味で、辞職に関する限り、解約自由は強行的に解すべきである。

これに対して、使用者については、以上で検討した通り、契約の自由論も人身の自由論もいずれも、解約自由の強行的な性格を基礎付けるには、不十分である。したがって、使用者による解約すなわち解雇に関する限り、民法六二七条一項は、自由な解約権を定めるものであるとすれば、任意規定であって、当該契約による規整を許すものと、解すべきである。

では、解雇の要件について当事者意思不明の場合は、民法六二七条一項に立ち返って、解雇の自由が妥当することになるのか。結論を先にいうと、そうは解されない。むしろ民法典施行後一〇〇年を過ぎた現在においては、新憲法制定後の法の発達を踏まえて、解雇権の在り方について改めて合理的な基準を形成すべきではないか、というのが以下の趣旨である。以上の主眼は、解雇権については、一般条項のみならず、当該契約そのものによる制限、すなわち解雇権の要件の設定が可能であるということに止まる。

二　解雇制限の理念

問題は、民法典制定当時と現在とでは、解雇をめぐる法律の状況がまるで違うということである。新憲法に社会権規定が挿入されるとともに、法律上、種々の解雇禁止事由が定められた。また、判例上、解雇権濫用法理という一般的な解雇制限規範が発達した。したがって、現在の見地からは、まずは、現行の憲法を頂点とする法秩序全体の観点[15]から、解雇権について、一般的にどのような根拠あるいは制限があるのかを検討する必要がある。

まず、解雇権の実質的根拠が問題となるが、解雇権の存在そのものについては、営業の自由（憲法二二条一項、憲法二九条一項）[16]の観点から、これを肯定すべきである。労働者の意に反する解約が可能でなければ、事業に著しい障害が発生する場合が考えられるからである。

他方、労働者にとって、解雇とは、非自発的な失業であり、一般に生活困難を伴う。したがって、解雇は、生存権（憲法二五条一項）および労働権（憲法二七条一項）の理念に照らして特別な法的規制が必要な事項であるということができる[17]。

失業率の悪化と中高年の自殺者の増加とが並んで進行している現在の状況を考えると、解雇権の在り方を検討するにあたって、生存権理念を考慮することは、決して大袈裟なことではない。継続的な雇用が、職業能力の向上や社会的地位の獲得といった、人の生きがいと結び付いている現実を決して無視することはできないということである。現在の転職困難を考慮すると、企業横断的な雇用維持の射程はごく限られたものといわなければならないし、将来的なビジョンとしても、労働者が物のように取引される社会は、労働者にとって雇用の安定が地域生活や家庭生活の安定と切り離しえないということを考えると、決して望ましいものではない。(18)

また、解雇に制約なき状況においては、使用者の労働者に対する人格的支配が生み出され、強化されることはみやすい道理である。(19) 解雇の威嚇の下における指揮命令権の濫用および人格権侵害の危険性は明白であるので、少なくとも恣意的解雇については、個の尊重（憲法一三条）に照らして特別な法的規制が必要な事項ということができる。

憲法上の諸理念は、労働法上の諸原則にも一定反映している。生存権規定を受けて、労基法一条一項は、「労働条件は、労働者が人たるに値する生活を営むための必要を充たすべきものでなければならない」との原則的規定を置いている。解雇をめぐる諸条件が労働条件の概念に含まれることはいうまでもない。(20)

解雇制限の規範的根拠との関係で、とくに注目すべきは、労基法二条一項に宣言されている労働条件対等決定原則である。(21) 解雇に制約がない場合、事実上、使用者は一方的に労働条件を変更できることになるが、これは労働条件対等決定原則と著しく抵触する事態といわなくてはならない。(22) さらに、労働条件変更法理も含めて、現在の労働契約法理全体が解雇制限の存在を前提としていることは、確認しておく必要がある。(23) 労働条件対等決定原則は、憲法上の個の尊重理念と対応するものと解される。

以上のようにして、法体系全体の観点から見ると、解雇権については、これを基礎付ける理念が存在する一方で、解雇制限の根拠となる理念・原則もまた存在する。とくに、雇用の継続が、労働者の生きがい、地域生活や家庭生活における安定、職場における市民的自由の享受といった、広い意味での人格権的利益と密接に結び付いている現実は、強調されるべきである。その意味で、本稿は、解雇制限の理念のレベルの限りで、解雇制限の根拠を労働者の人格権的利益に求める見解[24]に賛成するものである。

このように問題となっている憲法的諸価値の重みを考慮すると、現行の法体系においては、少なくとも恣意的解雇は許されないものといわなくてはならない。法に求められているのは、あくまでも、一方における営業の自由理念と他方における生存権・労働権・個の尊重理念との適切な調整であり、一方の完全な優越ではないからである[25]。以上の新憲法制定後の法の理念・原則に照らすと、民法六二七条一項は、解雇の自由を定めるものであるとすれば、たとえ任意規定と解するとしても、労使の利益調整の枠組としては、不適切といわざるをえない。

三　解雇制限の構成

解雇制限の理念は以上の憲法的諸価値に求められるとしても、問題は、どのようにしてこの理念を実現することが適切かということである。恣意的解雇は制限されるべきだといっても、その理念を実現する法律構成は、複数考えられるからである。

1　解雇権濫用法理の評価

解雇制限に関する現在の法律構成を代表しているのが、判例上の解雇権濫用法理である。そこで、適切な解雇制限法理を探究するにあたっては、解雇権濫用法理の評価からはじめるのが適当である。

解雇権濫用法理は、民法六二七条一項による解雇権の発生を前提に、一般条項とくに権利濫用（民法一条三項）を根拠として、一般的な解雇制限法理を構築するものである。その内容は、「使用者の解雇権の行使も、それが客観的に合理的な理由を欠き社会通念上相当として是認することができない場合には、権利の濫用として無効になる」[26]というものである。

この規範については、「社会通念上相当として是認することができない」ということが、濫用的解雇の要件と同時に無効という効果を規定していることに注意が必要である。すなわち、この法理では、社会倫理秩序に反するということ、いいかえると反公序性が、違法解雇の要件とともに無効という効果の根拠をもなしているわけである。実際、解雇権濫用法理の初期的な形態においては、「客観的に合理的な理由」を欠くということは、当該解雇の反公序性を推定させる事実として位置付けられている[27]。

このように、解雇権濫用法理は、社会倫理秩序に基づく規範として、職業社会における倫理秩序を吸い上げるものという側面を強くもっており、そのことが、きめの細かい判断要素の形成をもたらした。さらに、現在では、解雇権の濫用性審査は、客観的合理的理由の存否を判断したうえで、さらに具体的事情に照らしての社会的相当性を審査するという、二段階審査というべき、より洗練された構造を有するに到っている[28]。

以上のように、解雇権濫用法理は、社会倫理秩序という契約外的な規範によって、解雇権を行使の段階において厳格に制限するものであって、このこと自体、先に述べた解雇制限の法理念に照らすと、裁判官による憲法実践（憲法七六条三項、憲法九九条[29]）として、高く評価すべきである。

しかし、解雇権濫用法理は、以下に述べる点で見過ごすことのできない問題点をかかえており、それが現在の解雇権をめぐる議論の背景をなしているものと考える。

第一に、唯一の一般的解雇制限法理として、解雇権濫用法理というひとつの枠組のなかに、ありとあらゆる規範が包摂されたために、その輪郭がつかみがたくなったことが指摘できる。規範としての不明確性が指摘されるゆえんである。解雇権の濫用性審査は、実務上は、いくつかの並立する考慮要素からの総合判断としてなされているが、このことは、きめの細かい判断を可能にする反面で、個々の判断要素の根拠はなにか、判断要素の相互の関係はどのようなものかについて、不明確である憾みがあった。最近の一部の下級審裁判例に見られるように、濫用という枠組には、従来確立していたルールが、突然、無原則的に緩和される危険性があるのである。[30]

第二に、権利濫用という法律構成の枠内では、解雇制限の内在的根拠とくに労働契約論からの解雇権論[31]の展開に、どうしても限界がある。確かに、前述の解雇権の濫用性審査における客観的合理性のレベルと社会的相当性のレベルの区別それ自体には、解雇制限規範として普遍性が認められる。しかし、発生において自由な解雇権が行使において二段階にわたり厳格に制限されるという構成は、あまりに技巧的であり、かつ、形式論としてバランスが悪い。解雇権は当該労働契約上の権限だという基本的な視点が、これまで不当に無視されてきたわけである。

以上のような問題点に照らすと、解雇制限法理は、大きな手直しの必要な段階にあるのではないか。解雇権濫用法理の形式論としてのバランスの悪さ、判断枠組としての不明確さ、および基礎付けの弱さを考慮すると、解雇権濫用法理の積極面を最大限に生かしつつも、新たな解雇制限法理の構築が必要な段階に来ていると考える。

2　解雇権は客観的合理的理由がなければ発生しない（客観的合理性）

(1)　基本的な考え方——解雇権は権利範囲をもつ

解雇権濫用法理は、もはや濫用法理の守備範囲をこえた規範を含んでいるのではないだろうか。「シカーネから客観的利益衡量へ[32]」といわれるように、濫用法理が、権利行使の当不当を例外的にチェックする段階から、権利それ自体の範囲を画する段階へと移行する現象は、よく知られている。本稿の基本的な考え方は、現在では、解雇権の濫用を解雇権そのものの権利範囲の問題として正面から捉え直す段階に到っているのではないかということである。[33]

実際、現実に行われている労働契約について、使用者が意のままに解雇できる形態のものはあまり考えられない。多くの場合、就業規則には解雇事由が列挙されており、解雇が一定の理由に基づいて行われるべきことについては、使用者側にも了解があると考えられる。また、解雇は職場からの放逐として、労使ともに最後的手段との意識が強いのが現実である。これは、解雇権濫用法理によって外から労使に押し付けられたルールというよりも、解雇の要件に関する労使の規範意識を裁判官が吸い上げたものと理解すべきだろう。

そこで、本稿では、解雇制限の理念を実現する手段としては、解雇権は客観的合理的理由がなければ発生しないという労働契約の解釈基準を設定することが最も適切な法律構成だと考える。一言でいうと、正当事由説を採用するということである。[34] 解雇制限の根拠を契約そのものに求めることによってこそ、濫用および信義則といった一般条項の位置付けも含めて、解雇制限規範の適切な整理統合が可能になり、解雇に対する法規制の枠組も明確に基礎付けられるというのが、本稿の趣旨である。

(2) 客観的合理的理由を解雇権の発生要件とする構成の正当化根拠

問題は、客観的合理的理由を解雇権の発生要件とすることの正当化根拠である。正当事由説の最大の難関だが、本稿の視角を一言でいうと、労働契約における使用者の締結目的および信義則上の義務を解雇権の発生要件の形式的根拠および基準とするということである。[35]

(a) 使用者の締結目的――事業　解雇制限の理念として、現行の法体系の下においては、恣意的解雇は許されないことは、前に述べた。問題は恣意的解雇とは何かである。本稿では、使用者が労働契約を締結する目的に着目して、次のように考えている。

前述の労働契約の定義に照らすと、労基法一〇条にも表れているように、使用者が労働者を雇うのは、事業を目的とすることは疑い得ない。そこで、少なくとも当該事業目的によって正当化されない解雇、すなわち業務上の必要性がない解雇は、恣意的解雇であるとみなすことができる。

他方、使用者の労働契約締結目的は事業にあるのだから、業務上の必要性がない場合には、解雇権は発生しないと解釈するのが合理的である。[36]

以上のようにして、業務上の必要性を解雇権の要件とするという労働契約の解釈基準を設定することは、労働契約の類型的な締結目的に照らして当事者の合理的意思に基づくという意味で合理的であると同時に、前述の解雇制限の法理念に照らして正当化されるという意味で、客観的ということができる。

(b) 使用者の信義則上の義務――事業に伴う社会的責任　解雇の客観的合理的理由の内容は、単なる業務上の必要性に止まるものではない。事業に伴う社会的責任という観点からもまた、解雇権の権利範囲が定まる側面があると考える。

そもそも使用者はなぜ期間の定めのない労働契約を締結するのか。必要な労働をその都度いちいち外部労働市場から調達するよりも、労働者を継続的に雇用して、その労働力を必要に応じて組織的に利用（命令、配置、陶冶）する方が、利益に適うからにほかならない。[37] 他方、これを労働者の側から見ると、当該事業において労働義務を誠実に履行する過程で、主たる生計維持の手段が当該事業に限定されると同時に、職業能力の発達可能性もまた当該事業に特化した形で一定程度限定されることを意味する。[38] 一言でいうと、使用者は、企業組織のなかに労働者を組み入れることによって、労働者の生き方そのものを基本的に決定しているということである。

したがって、広義の人格権的利益の保護という解雇制限の理念に照らすと、たとえ当該事業目的に照らして解雇が正当化される場合であっても、所期の目的が解雇以外の手段によって実現できる場合には、使用者には、少なくとも配置転換等の解雇代替措置を行う信義則上の義務があると考える。解雇は最後的手段であるべきだということである。[39]

この構成は、信義則上の雇用維持義務論[40]を、解雇の客観的合理的理由の基準という限りにおいて、支持するものである。

以上まとめると、第一に、使用者の労働契約締結目的は、事業にあるのだから、業務上の必要性によって正当化されない解雇を認める合理性はないし、認めるべきではない（合理的意思解釈）。第二に、事業に伴う使用者の社会的責任に照らすと、たとえ解雇に業務上の必要性が認められる場合であっても、所期の目的が別の手段によって実現可能である場合には、解雇の客観的合理的理由は認められない（信義則上の義務）。なお、本稿では、客観的合理的理由を解雇権の発生要件とする構成を労働契約の合理的解釈の基準として立てているが、立法による実現が望ましいことはいうまでもない(41)。

3　一般条項の機能——信義則および濫用に基づく解雇権の行使要件（社会的相当性）

客観的に合理的な解雇事由が存在し、当該契約上解雇権が発生する場合であっても、解雇権行使は、信義則および濫用禁止等の一般条項による規制に服することに変わりはない。本稿の基本的な考え方は、解雇は客観的合理的理由によるという基準を設定することによって、一般条項は、従来な過大な役割から解放され、解雇権の行使要件として、あるべき機能を回復するということである。

(1)　解雇権の行使要件の実質的根拠

解雇権行使にあたって、使用者に一定の義務が課されることは、形式的には一般条項を根拠とするが、実質的には、以下のような根拠に基づく。

解雇権の行使規制の実質的根拠として、第一に、解雇権の形成権としての特質が挙げられる(42)。解雇権は、形成権であって、相手方の権利義務さらには事実上生活環境を一変させる効果をもつ。また、解雇権は、合理的理由によるといっても形成権なので、使用者は、司法判断をまつことなく行使することができる。事実上、使用者は、いわば自ら裁判を行うことができるのである。したがって、解雇権行使にあたって、使用者は、信義則上、とくに解雇理由の存在について慎重でなければならないということができる。

第二に、前述の使用者の雇用維持義務を挙げることができる。使用者は、解雇権行使にあたっては、解雇のもたらす現実的効果について一定配慮しなくてはならないということである。

(2) 解雇権の行使要件の構造

以上に基づく解雇制限規範は、こうである。

まず信義則上の配慮義務として、第一に、使用者は、解雇権行使に際して、とくに解雇理由の存在について慎重に判断しなくてはならない。この配慮義務は、解雇にあたっての手続上の義務として具体化する。

第二に、使用者は、解雇権行使の帰結の緩和に努めなくてはならない。具体的には、訓練休暇、補償金の付与、再就職あっせん等が社会的相当性の考慮要素となる。

次に、濫用禁止は、当該具体的事情の下で、解雇を手段とすることが均衡を欠くという意味で過酷に失する解雇権行使をチェックするという本来的機能を受け持つ。本人の情状、他の労働者の処分との均衡、使用者の対応といった、解雇権行使をめぐる具体的諸事情が、その濫用性判断において考慮されることになる。では、濫用とは何かが問題になるが、私は、当該職場の倫理秩序を吸い上げる媒介項として、比例原則と平等原則が、濫用性の評価原理となると考えている。(43)

4 小括

以上の構成は、民法六二七条一項の解釈（前述一）および恣意的解雇の禁止という法理念の存在（前述二）を前提に、労働契約の合理的解釈（業務上の必要性のない解雇は許されない）および信義則上の義務（解雇は最後の手段でなければならない）に基づき、客観的合理的理由を解雇権の発生要件とする労働契約の解釈基準を構成するものである（客観的合理的理由がなければ、解雇権は発生しない）。

たとえ当該解雇に客観的合理的理由が認められる場合であっても、使用者は、一般条項による解雇権の行使規制に服する。使用者は、解雇権行使にあたっては、慎重でなければならないし、その帰結の緩和に誠実に対応しなければならない（信義則上の配慮義務）。さらに、当該具体的事情の下で過酷に失する解雇権行使は許されない（濫用禁止）。

一言でいえば、本稿の構成によると、解雇権は、客観的合理的理由がなければ、発生しない（発生要件）。たとえ客観的合理的理由が存し解雇権が発生している場合であっても、社会的相当性を欠く解雇権行使は許されない（行使要件）。これは、現在の解雇権濫用法理における客観的合理性基準と社会的相当性基準との二段階審査構造を参考に、解雇制限規範を合理的に再構成しようとするものである。

四　解雇制限の方法

最後に、本稿における解雇制限規範の再構成のメリットを摘示して、おわりにかえることにする。

1　解雇の手続的規制

まず、正当事由構成を採用することによって、解雇の手続的規制[44]が明確に基礎付けられることが、大きなメリットである。実際、日本における解雇手続の眼を覆わんばかりの貧困さは、解雇権の濫用構成と無関係ではないと考える。正当事由構成によると、解雇権行使にあたっては、最低限、以下の手続を行う必要があるだろう。多少立法論[45]に踏み込むと、こうである。

第一に、解雇予定者に対して、使用者は、解雇の理由を説明すると同時に、労働者に対して弁明の機会を与えなければならない。前述のように、解雇権の形成権としての特質から、解雇理由の存在については、信義則上、慎重さが求められる。解雇権行使にあたっては、使用者には、いわば対審構造による審査が求められるということである。その際、労働者には、補佐人あるいは代理人の同席が認められるべきである。

第二に、解雇の告知にあたっては、必ず理由を明示しなくてはならない。書面によることが望ましい。理由が不十分のときには、解雇の意思表示として認められない場合も考えられる。また、解雇理由の明示については、裁判において使用者には告知において明示した理由を逸脱した新主張は許されないという意味で、主張制限を課すべきである。

以上の主眼は、解雇権は客観的合理的理由によるということが労働契約法のレベルで明確になっていなければ、解雇の手続的規制は、骨抜きになってしまうということである。

2　解雇の実体的規制

次に、本稿の枠組では、解雇の司法審査は、解雇の客観的合理的理由の審査と解雇権行使の社会的相当性の審査との二段階にわたることになる。

(1)　客観的合理的理由の存否

第一に、裁判所は、当該解雇について、客観的合理的理由の存否を判断することになる。正当事由構成なので、解雇の客観的合理的理由については、使用者に立証責任が課される[46]。

(a)　解雇類型該当性（真実性の審査）　客観的合理的理由の存否については、まずは、業務上の必要性によって正当化されるかが審査される。業務上の必要性の観点からは、労働者の職業上の不適格、非違行為の存在、財政上の窮境、企業組織の再編等を、類型的な解雇理由として挙げることができる。こうした解雇類型に該当する事実が真実存在するかが、まずは審査されることになる。例えば、職務能力を理由とする解雇の場合、使用者には、他の労働者との比較も含めて、具体的な資料に基づいて当該労働者の能力不足を示すことが求められる。

(b) 最後的手段の原則（重大性の審査） つぎに、事業に伴う信義則上の責任の観点から、たとえ業務上の必要性が認められても、使用者には、解雇回避努力を尽すことが求められる。解雇類型に該当する事実が真実存在するというのでは足りず、その事実が雇用を終了させてもやむをえないと認められるほどの重大性をもつことが必要だということである。例えば、職務能力を理由とする解雇の場合、単にその労働者の成績が相対的に劣るというだけではたりず、使用者には、指導・研修や配置転換等によって、その労働者の能力や適性の向上および発見をはかることが求められる。

(c) 就業規則上の解雇事由条項との関係 司法審査の実際においては、就業規則上の解雇事由条項が大きな役割を果たしている。本稿の構成によれば、就業規則上の解雇事由条項は、まさに解雇権の発生要件の定めとして、労働契約の内容になるものと解される。一言でいえば、正当事由構成に基づいて、限定列挙説を採るということである。[47]広範に過ぎる解雇事由条項は、先程述べた解雇理由の客観的合理性の基準により、合理的に限定解釈された上で、労働契約の内容になることになる。反対に、解雇事由条項の不備は、程度にもよるが、基本的には使用者の側がその危険を負担すべきである。就業規則上に解雇事由条項がない場合には、解雇理由の客観的合理性の基準が労働契約を補充する機能を果たすことになる。

(2) 当該解雇の社会的相当性

司法審査の第二段階として、当該解雇権行使の社会的相当性が司法審査の対象になる。信義則の観点からは、使用者は、解雇権行使にあたって十分に慎重であったか、すなわち事前手続を尽したか、解雇の帰結の緩和に努めたかが、考慮要素となる。ここで、注意すべきは、事前手続や補償金給付等は、社会的相当性のレベルにおける考慮要素であって、決して解雇理由の客観的合理性を推定させるものではないことである。最後に、濫用性審査が、比例原則および平等原則等を評価原理としてなされることになる。(48)

以上、本稿では、解雇要件論について基礎的な考察を加えた。解雇類型に即しての要件論の具体的展開が、今後の課題である。

（1）解雇権論争については、米津孝司「解雇権論」『戦後労働法学説史』（一九九六年、労働旬報社）六五七頁、森戸英幸「労働契約の終了（1）」季労一六三号（一九九二年）一五九頁、野田進「解雇法理における『企業』」法政研究六七巻四号（二〇〇一年）九二六頁以下。

（2）村中孝史「日本的雇用慣行と解雇制限法理」民商法雑誌一一九巻四・五号（一九九九年）五八二頁、吉田美喜夫「解雇法制と規制緩和」萬井隆令・脇田滋・伍賀一道編『規制緩和と労働者・労働法制』（二〇〇一年、旬報社）二四七頁。

（3）土田道夫「解雇権濫用法理の法的正当性」日本労働研究雑誌四九一号（二〇〇一年）四頁。

（4）野田・前掲注(1)論文。

（5）野川忍「解雇の自由とその制限」日本労働法学会編『労働契約・講座二一世紀の労働法第四巻』（二〇〇〇年、有斐閣）一五四頁。川口美貴「雇用構造の変容と雇用保障義務」同右書二三三頁、古川景一「解雇権濫用法理と要件事実・証明責任、及び解雇に関する正当事由必要説再構成試論」季労一九四号（二〇〇〇年）七七頁。

（6）解雇概念をめぐる現代的課題については、本誌後掲・小宮論文、野田進「解雇の概念について」法政研究六八巻一号（二〇〇一年）一二七頁。なお、有期労働契約の中途解約（民法六二八条）は考察の外としている。

（7）中窪裕也「労働契約の意義と構造」日本労働法学会編『労働契約・講座二一世紀の労働法第四巻』（二〇〇〇年、有斐閣）三頁。

（8）この点、最近の注釈書においても、明確ではない。例えば、幾代通・広中俊雄編『新版注釈民法一六巻』（一九八九年、有斐閣）八六頁以下〔三宅正男執筆〕。

（9）『法典調査会民法議事速記録四』（一九八四年、商事法務研究会）四八一頁以下。史料批判については、池田真朗『債権譲渡の研究』（一九九七年、有斐閣）四五三頁。

(10) 田中整爾「解雇をめぐる民法と労働法との交錯」阪大法学七七・七八巻（一九七一年）六頁。

(11) 渡辺章「解雇の意義および解雇の自由とその制限に関する一般法理」青木宗也・片岡曻編『労働基準法Ⅰ・注解法律学全集四四巻』（一九九四年、青林書院）二五〇頁。

(12) 三宅正男「解雇」石井照久・有泉亨編『労働法演習』（一九六一年、有斐閣）一八八頁。

(13) 現代契約理論を前提とする土田・前掲注(3)論文は、その豊かな例証である。

(14) P. Durand et A. Vitu, Traité de Droit du Travail t. II, Paris, 1950, N° 171.

(15) 深谷信夫「労働法における平等と公正と」日本労働法学会編『労働者の人格と平等・講座二一世紀の労働法第六巻』（二〇〇〇年、有斐閣）一八頁、和田肇「労働法制の変動と憲法原理」法時七三巻六号（二〇〇一年）三七頁。

(16) 営業の自由の憲法上の位置付けについては、樋口陽一・佐藤幸治・中村睦男・浦部法穂『注釈日本国憲法・上』（一九八四年、青林書院）五一三頁〔中村執筆〕。

(17) 樋口ほか・前掲書注(16)六二六頁〔中村執筆〕は、「権利濫用説であれ、正当事由説であれ、本来の労働権が私人間の法律関係に適用され、使用者の解雇の自由を制約する法的効果を有することを認めることが重要である」とする。憲法に適合的な法律構成の形成もまた、憲法の私人間適用の一形態と捉えられている点に注意が必要である。

(18) 脇田滋「雇用・労働分野における規制緩和推進論とその検討」萬井ほか編『規制緩和と労働者・労働法制』（二〇〇一年、旬報社）一三九頁。

(19) 村中・前掲注(2)論文六〇七頁。

(20) 野川「立法史料からみた労働基準法」日本労働法学会誌九五号（二〇〇〇年）四五頁は、「立法者意思としては、……解雇の有効性については正当事由のない解雇は疑わしいと解釈する余地がある」とする。

(21) 労基法における「実質的対等の理念」については、土田「労働基準法とは何だったのか?」日本労働法学会誌九五号（二〇〇〇年）一七三頁以下。

(22) 西谷敏「労働法規制緩和論の総論的検討」季労一八三号（一九九七年）一五頁は、「効果的な解雇制限は、労働者が自己の真意にもとづいて同意を与えもしくは拒否するための前提条件である」とする。また、土田「変容する労働市場と法」『岩波講座・現代の法第一二巻』（一九九八年、岩波書店）七〇頁は、解雇の法規制が労働条件対等決定を支援するための基盤になるという。

(23) 労働条件調整を直截に外部市場機能に委ねる方途もありうるが、この行き方を支持する論者は見当たらない。「外部市場と内部市場の接点としての解雇」との観点を提示する論者もまた、「変更解約告知に留保付承諾という選択肢を認めて、第一次的には内部市場における変更法理として処理するのが妥当と解している」（荒木尚志「労働市場と労働法」日本労働法学会誌九七号（二〇〇一年）七八頁。同『雇用システムと労働条件変更法理』〔二〇〇一年、有斐閣〕三〇二頁以下参照）。

(24) 前掲注(2)参照。

(25) 拙稿「違法解雇の効果」日本労働法学会編『労働契約・講座二一世紀の労働法第四巻』（二〇〇〇年、有斐閣）二〇四頁では、「法律上の解雇制限事由が差別禁止や男女平等といった憲法的価値を実現するものであるのと同様にして、解雇権濫用法理によって形成された解雇制限事由もまた人間の尊厳（憲法一三条）を頂点とする憲法的価値の実現という側面を有しているものと考える」として、「解雇権と人格権との調整を定型的に示すものとして、解雇権濫用の禁止規範それ自体もまた、公序的性格を有するものということができる」と述べた。これを本稿に敷衍すると、恣意的解雇の禁止規範は公序的性格をもつということである。問題は、この憲法上の公序の実現方法（法律構成）にあり、前稿が対象とした解雇権濫用法理ではもはや不適切だというのが以下の趣旨である。

(26) 日本食塩製造事件・最二小判昭五〇・四・二五民集二九巻四号四五六頁。

(27) 初期判例の整理として、劉志鵬「日本労働法における解雇権濫用法理の形成――戦後から昭和三五年までの裁判例を中心として」JILL Forum Special Series No. 5 1999, p.61.

(28) 高知放送事件・最二小判昭五二・一・三一労判二六八号一七頁は、「普通解雇事由がある場合においても、使用者は常に解雇しうるものではなく、当該具体的な事情のもとにおいて、解雇に処することが著しく不合理であり、社会通念上相当なものとして是認することができないときには」、当該解雇は濫用無効となると判示する。

(29) 山本敬三「公序良俗論の再構成」前田達明編『民事法理論の諸問題・下〔奥田還暦〕』一頁（一九九五年、成文堂）、同「現代社会におけるリベラリズムと私的自治」（1）（2）法学論叢一三三巻四号一頁、五号一頁（一九九四年）参照。

(30) 判例法理上のいわゆる「整理解雇の四要件」が東京地裁の一連の裁判例によって動揺させられた事態は記憶に新しい（日本労働弁護団「整理解雇事件に関する申入書」労旬一四八〇号〔二〇〇〇年〕一三頁参照）。

(31) 米津・前掲注(1)論文六五七頁は、この問題を解雇権をめぐる学説史上の焦点とする。
(32) 磯村哲「シカーネから客観的利益衡量への発展」『権利の濫用・上〔末川古稀〕』(一九六二年、有斐閣)六〇頁。
(33) 解雇権濫用法理は、実際上、正当事由説と大差ないとの認識が、日本食塩製造事件最判(前掲注(26))の調査官意見において示されている(越山安久「判解」『最高裁判所判例解説民事編・昭和五〇年度』(一九七九年)一七五頁)。
(34) 先行する正当事由説として、安屋和人「解雇の法構造について」法と政治八巻一号(一九五七)三一頁、津曲蔵之丞「労働法の諸問題」民商法雑誌三五巻三号(一九五七年)三頁、西村信雄「解雇」日本労働法学会編『労働基準法・労働法講座第五巻』(一九五八年、有斐閣)一一一五頁等。
(35) 先行する正当事由説(注(34))と本稿の構成との違いは、第一に、本稿の構成は、労働契約の本質のレベルにはなく、解雇権の要件に関する解釈基準を示すものであること。第二に、正当事由構成の形式的根拠を、労働契約の本質にではなく、労働契約の締結目的(合理的意思解釈)および労働契約上の信義則上の義務に求めていること。第三に、解雇制限規範を、解雇権濫用法理の到達点を摂取して、客観的合理的理由のレベルと社会的相当性のレベルの二段階に構造化していること。
(36) 社会哲学的には、第一に、法が合理的な事業行動を強制することの適否が問題になる。この点については、限定合理性しかもたない使用者の機会主義的行動を抑制する補完装置として解雇制限規範を捉える不完備契約論が説得的である(土田・前掲注(3)論文一〇頁)。第二に、そもそも裁判所に合理的な事業行動が認識できるかが問題になる。具体的には、業務上の必要性の審査について問題になるが、解雇理由が真実存在するか、解雇を正当化する程重大かという限度で司法審査は可能であると考える(本稿四2)。
(37) 石田眞「歴史の中の『企業組織と労働法』」日本労働法学会誌九七号(二〇〇一年)一四三頁。
(38) 野川・前掲注(5)論文一七三頁。
(39) 根本到「解雇法理における『最後的手段の原則』と『将来予測の原則』」日本労働法学会誌九四号(一九九九年)一九七頁。
(40) 前掲注(5)参照。
(41) 本誌後掲・島田論文参照。
(42) 藤原稔弘「解雇制限(第一九条)」金子征史・西谷敏編『基本法コンメンタール・労働基準法〔第4版〕』(一九九九年、日本評論社)八八頁。

(43) 比例原則および平等原則については、本誌後掲・根本論文参照。
(44) 解雇手続の全体構造については、道幸哲也「突然の解雇はないよ——解雇過程論」道幸哲也・小宮文人・島田陽一『リストラ時代　雇用をめぐる法律問題』（一九九八年、旬報社）五八頁。
(45) 本誌後掲・島田論文、李鋌「解雇の手続的規制」日本労働法学会編『労働契約・講座二一世紀の労働法第四巻』（二〇〇〇年、有斐閣）一八八頁参照。
(46) 古川・前掲注(5)論文、山川隆一「解雇訴訟における主張立証責任」季労一九六号（二〇〇一年）四四頁。
(47) 藤原・前掲注(42)論文八六頁の指摘するように、正当事由説によらない限定列挙説は種々の難点を含む。
(48) 本誌後掲・根本論文参照。

（もとひさ　よういち）

雇用終了における労働者保護の再検討

――解雇規制の実質化のために――

小宮文人
（北海学園大学教授）

一　はじめに

わが国では、裁判所によって形成されてきた解雇権濫用法理による解雇の一般的規制原理が確立している。しかし、解雇規制の意義は、労働契約に期間を定め、雇用契約の自動終了事由を合意し、あるいは、各種の不当な圧力によって退職を誘導することなどによって著しく減殺される。これを避けるためには、形式的には労働者の意思を媒介とする解雇以外の雇用終了原因に対しても、法的規制を加えることが必要となる。しかし、解雇規制を実質化するためには、解雇、更新拒絶または合意解約といった法律行為の無効を前提とした救済手段を追及するだけでは限界がある。そこで、本稿では、無効法理のみならず、損害賠償法理の積極的な活用を通じて雇用終了における労働者保護を促進する途を検討する。

二　解雇概念

1　狭義の解雇概念

わが国において、「解雇」とは、狭義の意味においては、使用者による雇用契約の解約、すなわち、使用者が雇用契約の効力を将来に向かって一方的に消滅させることであると解されてきた（以下、これを本報告では「狭義の解雇」と呼ぶ）。労基法二〇条の解雇予告制度は、工場法施行令二七条の二の解雇予告制度を継承するもので、その趣旨が民法六二七条の「解約」の予告期間を三〇日まで延長したものと解されていることおよび同条違反には罰則の適用があることからみて、同条の「解雇」は「狭義の解雇」を意味すると解されてきたものと思われる。同条に関し、ある判例が、使用者の行為が解雇であるためには「雇用関係を一方的かつ確定的に終了せしめる効果意思」の存することが必要であるとするのは、この「狭義の解雇」の意味である(1)。そして、判例は、いわゆる解雇権濫用法理の適用においても、この「狭義の解雇」の概念を適用してきた。

しかし、そのように定義した場合でも、具体的な使用者の行為が解雇に該当するか否かは、必ずしも、判然としないことが多い。すなわち、前記のような効果意思は、必ずしも、使用者が解雇である旨を明示的に告知した場合だけに認め得るわけではなく、使用者の言動から黙示的に告知されたとみることができる場合にも認め得るからである。例えば東京セクハラ（M商事）事件(2)では、会社代表が、本来なら懲戒解雇であるが、将来のこともあるから、依願退職で辞めてもらいたいと告げて、多くの従業員の前で原告が辞職すると述べ、後任として採用した労働者に仕事を引継ぐよう求めた事実から解雇の意思表示があったと認定された。この使用者の行為は合意解約の申込みと解されないこともないようにみえるが、労働者の承諾の有無を全く無視した態度に終始した使用者の行為を黙示的解雇の意思表

は明らかではない。

示と捉えたものとみることもできるのである。もっとも、同事件判決は、解雇権濫用法理を適用しているとはいえ、逸失利益を含む損害賠償請求を認めたものであることから、地位確認請求の場合にも同様な処理が期待できるか否かは明らかではない。

2　対立概念としての辞職及び合意解約

以上の解雇概念と対立する概念は辞職（労働者による解約）および合意解約である。この対立概念の確定は重要である。なぜなら、これらに該当すれば、解雇規制は及ばないからである。ところで、この辞職と合意解約の区別も容易ではない。多くの判例は、合意解約と辞職の関係について、労働者が「使用者の態度如何にかかわらず確定的に雇用契約を終了させる旨の意思が客観的に明らかである場合に限り」辞職の意思表示と解すべきであるとしている。(3) これは解雇の概念と辞職の概念とをパラレルに捉えているということである。

ある雇用の終了原因が解雇ではなく、辞職または合意解約であったとされた場合、その雇用の終了の効果を争うためには、労働者は意思表示の瑕疵または意思の欠缺を主張しなければならないが、判例上、その意思表示が無効ないし取り消し得べきものとされた例として従来から比較的多かったのは、懲戒解雇事由がないのに懲戒解雇されるとの示唆を受け辞職したことを動機の錯誤とするものであった。その他の例として、労働者が形式だけの辞職願を求められて提出したことが心裡留保に該当するとするものもあるが、最近では、懲戒解雇事由がないのに懲戒解雇されるとして各種の不利益を告げることが強迫に該当するとされる例が増えている。(4) 従来は、強迫は、若い女性従業員に対して行われたり、物理的な威圧を伴ったりしないとなかなかその成立が認められなかったことからすると、(5) 強迫の認定の幅が広がってきたようにもみえるが、なお右のような事例にほぼ限定されているのである。(6)

しかし、使用者が手練手管を用いて労働者の辞職や合意解約を引き出すことが多い実態からすると、このような状態では解雇規制法理は容易に回避されてしまう可能性が大きい。そこで、使用者による辞職ないし合意解約誘導行為を規制するにはどうしたらよいかが問題となる。一つの可能性は、森戸教授の主張される強迫法理の拡張であろう。同教授は「例えば内容のない苦痛な作業に長時間従事させる行為や長期間何も仕事を与えない行為なども場合によってはそれが全体として強迫に該当する」という枠組みを提示している。(7) しかし、強迫とは他人に害意を示し、恐怖の念を生じさせる行為をいうのであるから、単に、苦痛な仕事を与えることや居難くすることが強迫を構成するというのは無理である。森戸教授の主張は、そのような一連の行為により労働者が今後も冷遇されることを恐れて退職する場合には、強迫法理が拡張的に適用できるということであろう。必ずしも物理的な威圧を伴わなくとも、使用者が労働者の自尊心を維持できない（辱めを受ける）ような仕事に就けることを示唆して退職を迫るというように、精神的ないし人格的な害悪及びそれによる恐怖の念による退職があれば、強迫は成立するのではなかろうか。例えば、居心地が極度に悪い部屋に仕事も与えられないで晒し者にされるとの恐れから退職を選んだといえる場合などは、これに当たると考えることもできよう。(8)

もう一つの可能性は、使用者のイニシャチブによる合意解約を公序良俗違反で無効にするという考え方である。(9) 例えば、使用者が不当労働行為の動機をもって労働者に退職勧奨をする場合が典型的なケースである。この場合、違法な動機・目的が当該労働者自身の退職であるから、本人が合意している限り無効にならないという解釈も有り得よう。しかし、使用者が公序に反するような違法な動機・目的をもって、労働者に積極的に合意解約を働きかけ、諸般の事情から労働者が解雇を免れないと信じる理由がある場合には、労働者がその違法な動機・目的を知っていたといえる限り、当該合意解約は公序に反する違法なものといわざるを得ないと考えられる。なぜなら、こうした場合、労働者は、その合意の成立を積極的に欲し、または、使用者の動機・目的と別個の見地から合意したということは困難だからである。(10) このように公序良俗違反を理由とする合意解約の無効という処理は、少なくとも、憲法二八条の団結権の侵害および一四条に例示された理由による差別的な動機・目的による場合に一般に適用可能であると思われる。

3　個別的法律および契約における「解雇」の定義

以上のように辞職や合意解約の効力を規制する方法はないわけではないが、ある雇用の終了が解雇によるか否かによってあるべき法的規制の幅が異なることになることは明らかである。もっとも、同じ「解雇」という文言が使用されていても、それが前記の「狭義の解雇」の意味で使用されているとは限らないことは注意しなければならない。例えば、個別の労働契約、就業規則および労働協約に定められた「解雇」の意味はその規定の趣旨に基づいて解釈すべきことは当然である。また、法律の文言についていえば、例えば、男女雇用均等法八条の解雇の意味に関する行政解釈は「形式的には勧奨退職であっても、事業主の有形無形の圧力により、労働者がやむを得ず応じることとなり、労働者の真意に基づくものでないと認められる場合」には「解雇」に該当するとしている(11)。同法が男女の均等な雇用機会を保障する趣旨であること、および同法が罰則を伴わないものであることから、このような実質的な解釈が許されるものと思われる。であるとすれば、育児休業や介護休業を理由とする解雇を禁止する育児・介護休業法一〇条および一六条の「解雇」の意味も同様に解することが出来るであろう。また、労組法七条の不当労働行為制度上の「解雇」の文言を狭義の解雇概念に限定して解釈しなければならないものでもない。

4　準解雇の理論

以上のように、個別の法律ないし契約における「解雇」の概念は、その立法や契約の趣旨によってある程度広く解する必要がある。しかし、今まで狭義の解雇概念で捉えられてきた解雇権濫用法理における「解雇」の概念についても、これを広く解する必要があるように思われる。なぜなら、労働者が実質的に使用者の支配の下に置かれている雇用関係においては、ある雇用の終了が形式的には辞職あるいは合意解約によるものとして捉えられる性格のものであっても、実際には、使用者の確定的な終了意思をもって、一方的な終了行為に比することができるような使用者の退職誘導行為によって、雇用終了がもたらされる場合が存するからである。このように考えると、解雇権濫用法理を実質化するために、解雇概念をより実質的なかたちで拡張的に解釈することが必要である。かつて、小西國友教授は、合意解約を「構成する労働者側における申込みないし承諾の意思表示が、労働契約関係を終了せしめんとする使用者の終了意思の具体化された各種の所為の支配的な影響のもとになされた場合」には解雇として扱うべきであるとする擬制解雇の法理を提唱された[12]。

報告者も「使用者の追い出し意図に基づく行為によって労働者の退職がもたらされたといえる場合、その退職が労使の合意解約によるか労働者の解約告知によるかを問わず、使用者に解雇を正当化し得る事由が存しない限り、当該使用者の行為と雇用の終了を一体として準解雇を構成する」という「準解雇」の法理を提唱したことがある。これは、使用者による雇用終了（退職）誘致行為を一定の範囲で不法行為と捉えつつ、労働者が雇用の終了（退職）に伴う逸失利益をも含めた損害賠償をも請求できるようにしようと考えたからである[13]。そして、その成立要件として、①使用者が雇用契約を終了させる社会通念上相当な事由がなかったこと、②使用者の追い出し意図の具現化された行為があったこと、③合意解約または労働者の辞職により雇用契約が終了したこと、および④その使用者の行為と合意解約または労働者の辞職との間に相当因果関係が肯定されること、の四つをあげた。ただ、通常人が労働者の立場にあれば当該使用者の所為によって退職したであろうといえる場合には、原則として相当因果関係が認められ、また追い出し意図があったものと推定すべきであるとした。これは、主に、アメリカ合衆国の「準解雇（constructive discharge）の法理」を参考にしたものである。同国では、制定法上のみならず判例法上の違法解雇に関しても、使用者の退職させる意図と労働者への耐えがたい労働条件の負荷を要件とする準解雇法理が認められている。そして、多数判例は、通常人が労働者の立場におかれたなら辞職したいと思うほどその条件が耐えがたいと感じるものである限り、使用者の退職させる意図という要件は満足されるとしている。[14]

ところで、報告者が擬制解雇とは別に準解雇の概念を提唱したのは、解雇権濫用の結果が解雇無効に直結するという前提をとると、その射程範囲は限定されてしまう可能性が強いということを懸念したためである。[15] しかし、考えてみれば、使用者がそのような解雇責任を回避するという違法な目的をもって、人格的尊厳を侵害する等、労働者を退職に追い込む実質的効果を有する違法な態様の行為によって実際にその目的を達成したといえる場合を準解雇と捉えるなら、その行為はむしろ通常の解雇より強度の反信義性を有するものであり、その救済を損害賠償に限定しなければならない理由はない。実際、合衆国における救済方法は、通常の解雇と準解雇の救済は同一である。また、ある事象を解雇に準ずるものと捉える限り、その概念の構成要件のなかに合理的理由の不存在を含める必要はない。したがって、報告者は、前述した準解雇の成立要件のうち①を除く成立要件とその判断基準を満足するものであることを前提として、準解雇を解雇として性質決定することとしたい。これは、実質的には小西教授の擬制解雇の考え方とほぼ等しいが、①準解雇は一定の合意解約のみならず辞職を含むことを明確にし、②後述のように無効のみならず損害賠償による実質的救済を念頭においている点で異なるといえる。

その場合、意思の欠缺や意思表示の瑕疵がないのにどうして労働者の退職の合意や辞職の意思表示が無効となるのかが問題となる。しかし、それは解雇責任回避の意図をもった効果的な使用者の追い込み行為によって精神的に支配されてなされた行為である点に着目すれば、その労働者の合意や辞職の意思表示を追い込みとを一体的に捉えて解雇と性質決定することもできると考える。少なくとも、準解雇を前記のように限定的に捉える限り、そこでは労働者の自己決定は極度に制約されているのであるから、その合意や辞職の意思表示の効力を問うことを否定するのは、反公序性を基礎とする解雇権濫用法理の潜脱を許すことになって著しく妥当性を欠くというべきである。したがって、労働者が辞めさせざるを得ないような客観的に合理的な理由がない場合には、その退職の合意や辞職の効力も解雇の場合に準じても否定されるべきであると考える。なお、これはあくまで解雇権濫用法理における解雇の概念を実質的意味で拡張解釈すべきことを論じるものであり、個別の法律条文における解雇の意味に短絡的に結びつくわけでもない。特に、労基法二〇条の解雇予告規定に関しては、前述のようにその立法趣旨と予告というものの性格から前述した「狭義の解雇概念」が妥当すると解すべきものであろう。

三　有期契約の満了と解雇権濫用法理の類推適用

前述のように、判例は、一般に、解雇概念を厳格に捉えてきたといえるが、他方、有期契約期間満了や私傷病休職期間満了などの雇用契約終了原因については、解雇権濫用法理の潜脱防止のために一定の場合に期間満了による契約終了の法的効果を否定する法理を発展させてきた。その典型が有期契約の期間満了を理由とする雇止めへの解雇法理の類推適用である。圧倒的多数の判例は、期間の定めのある契約であることを肯定しながら、一定の論拠に基づいて雇止めに解雇に準ずる規制を加えようとする。これらの判例をその論拠に従って分類すると、実質的無期契約状態があるからとするもの[16]、自動更新の合意があるからとするもの[17]および合理的雇用継続の期待があるからとするもの[18]の三つに大別できる。しかし、これらの論拠による解雇権濫用法理類推適用の規範的正当性およびその規制または救済の有効性については、検討の必要がある。まず、前者であるが、実質的無期契約状態にあるからとする判例についていえば、自動更新の合意に加えて、実質的無期契約状態があるといっても[19]、期間の定めのあることを否定するならともかく、そうでない限り、特段論理的な説得力が増すわけでもない。これに対し、自動更新の合意があるからとする判例は、期間満了のみでは雇用契約は終了せず、使用者が期間満了までに更新拒絶の意思表示をしない限り、改めて更新の合意をしなくとも、その特約に基づいて、契約が更新されることになるというものと解される。また、合理的雇用継続の期待があるからとする判例も、更新拒絶の意思表示がなければ当然に契約が更新されるという期待を醸成した使用者に、信義則上、更新拒絶の意思表示を義務付け、更新拒絶の意思表示がなければ契約が更新されることになるとするものと解される。(20)

これらに関しては、なぜ使用者の更新拒絶の意思表示に客観的に合理的な理由がなければ更新がなされたことになるのかが問題となるが、それは、一応、雇用契約締結時もしくは更新時おける労使の情報や交渉力の格差、期間設定が労使にもたらす利益格差及び解雇権濫用法理の潜脱防止の必要性から説明できる。すなわち、今日、期間の定めのない雇用契約の使用者による一方的な終了が解雇権濫用法理によって厳しく制限されることにより期間設定の雇用保障機能がその重要性を失い、ほとんど労働力の弾力化という使用者の利益に資する状況にある。そして、雇用契約締結時における使用者の情報や交渉力の優位さからみて、期間設定をするか否かの決定権限は使用者に握られている。したがって、期間の定めのある契約については期間満了時に更新拒絶の意思表示をなしさえすれば、使用者は、労働者の雇用継続の期待によって企業利益に貢献させながら、容易に契約を終了させることができるという意味で、解雇権濫用法理を潜脱できることになるからである。このように、自動更新の合意および合理的雇用継続の期待という論拠に基づく解雇権濫用法理の類推適用の規範的正当性は肯定できると考える。

次に、その規制または救済の有効性が問題となる。まず、どのような場合に、合理的雇用継続の期待があるといえるであろうか。これを詳細に論ずる余裕はないが、前記法理の趣旨からすれば、仕事が恒常的性格を有することに加えて、例えば、雇入れ後、数回以上の更新がなされていた場合、特段の理由なく更新拒絶された例がない場合、長期雇用の希望に応じるようにほのめかした場合、雇入れに際して自動更新がされることが制度上予定されていた場合などには、合理的雇用継続の期待があるといってよいと考える。なお、最近、更新の度にその可否を実質審査してきたことを理由に雇用継続期待の合理性を否定する判例が出てきたが[21]、実際に更新が繰り返された場合には更新の合理的期待が生じるものと考えるべきである。そして、裁判所がどの論拠で解雇権濫用法理を類推適用しようと、ひとたび解雇権濫用法理が類推適用されれば、その有効無効はその認定された諸般の事情によるのであって、その用いられた論拠に左右されないといわなければならない。ただ、雇用継続の合理的期待が前述の程度であることから、特に雇用調整を理由とする場面では、諸般の事情のバランス的考慮（採用基準、仕事の性格、勤続期間等）に基づき雇止めを有効とする方向に傾きやすくなる[22]。したがって、こうした規制または救済の有効性の限界を考えると、労働者がどの程度の期間の雇用継続を期待し得たかに応じた労使の利益調整という観点から、合理的期待の侵害を理由とする不法行為による損害賠償法理をも活用する必要性があると思われる[23]。これは、次の論点につながる問題である。

四　解雇および意に反する退職の損害賠償による救済

1　解雇の救済

従来、解雇の典型的救済方法として求められてきたのは、解雇無効を前提とする地位確認・未払賃金支払判決であった。しかし、最近、そうではなく、解雇の違法性を理由に得べかりし賃金などの逸失利益を含めた損害賠償請求を求める労働者が顕著に増加しつつある。ところが、労働者が損害賠償を請求した事件で、裁判所が逸失利益の賠償請求を認容した例は少ない[24]。実際、吉村事件およびわいわいランド事件[25][26]では逸失利益の賠償請求が退けられている。まず、吉村事件では、裁判所は「解雇が違法なものであって、また無効と解される場合には、当該労働者は、解雇無効を前提としてなお労務の提供を継続する限り、賃金債権を失うことはない」から特段の事由がない限り、賃金請求権の喪失をもって損害とする余地がない。また、労働者が他に就職するなどして当該使用者に対し労務を提供しえなくなった場合には，賃金不支給と違法解雇の間には相当因果関係がないから，賃金相当額をもって，直ちに得べかりし利益としてその賠償を求めることはできない，と判示している。わいわいランド事件では，解雇権の行使が濫用であるのに労働者がその無効を主張しない場合には，その解雇は有効なものと取り扱われることになるから，結局，労働者が自ら退職する場合と同じことになると判示された。

このように違法かつ無効な解雇に対する逸失利益を含む不法行為に基づく損害賠償請求を否定することは妥当ではない。まず，吉村事件判決は解雇を継続的な使用者の労務受領拒否の態度とみている。しかし，使用者は解雇という契約関係を確定的に終了させる行為によって違法に労働者の労務提供の意思を喪失させたのであるから，その時点以降も労務提供をすれば賃金の喪失はなかったとするのは公正ではない。[27] 判決は，客観的に合理的な理由のない解雇が信頼関係の存在を前提としてのみ継続し得るという特質を有する労働契約関係を破壊する背信的行為であることを見逃しているというほかない。また，労働者が解雇無効による地位確認を求めるのではなく，不法行為に基づいて逸失利益を含む損害賠償請求をしているのに対して，解雇は無効だからそのような損害はないというのも妥当でない。解雇無効法理は，それ自体合理的な理由のない解雇はその効力が否定されるほど強度の違法性を有することの表明ではあるが，一般に労働者の保護に適するものとして裁判所によって形成されてきたものであるといえる。[28] したがって，労働者が救済方法として損害賠償請求を選択している以上，これを否定する理由はないといわなければならない。[29] また，わいわいランド事件判決は，労働者が無効を主張しない場合は，辞職と同じであるとも述べるが，客観的に合理的な理由のない解雇は前述の通り違法であるといわざるを得ず，労働者の不法行為に基づく損害賠償請求を否定することはできない。判決は労働者の復職が人間関係などにより客観的に不可能である場合には格別とするが，合理的理由のない解雇は信頼関係を破壊する違法性の強い行為であるから，使用者に故意過失がない場合や過失があっても誠実かつ迅速に解雇を撤回する場合など特段の事情のない限り，逸失利益を含む損害賠償請求を認めるべきである。[30] もっとも、合理的理由のない解雇が無過失であるというようなことは余り想定できない[31]。なお、前述のとおり、擬制解雇を構成する労働者の辞職や合意解約による雇用の終了についても、解雇と同様に逸失利益を含む損害賠償が認められることはいうまでもない。また、有期契約の雇止めについても、前述のような利益調整の観点から、逸失利益を含む損害賠償請求が広く活用されてしかるべきである。

2 労働者の意に反する退職の救済

ところで、解雇概念の拡大を目指す擬制解雇説または準解雇説とはやや異なった方向で解雇救済の幅を広げようと企図する判例が現れてきている。その主眼は、労働者が退職に追い込まれた場合に得べかりし賃金等の損害賠償を広く認めようとするものである。具体的には、エフピコ事件[32]では労働者を虚偽・強圧的言動や執拗な退職勧奨によって退職に追い込んだことが、また京都セクハラ（呉服販売会社）事件[33]では女子更衣室でビデオの隠し撮りをした男性との男女関係を示唆するような専務取締役の朝礼での発言によって居辛くなった女性労働者に関して職場環境を改善する措置をとらなかったことが、雇用契約上の「労働者がその意に反して退職することがないように職場環境を整備する」ことを内容とする配慮義務に違反するとして、賃金等の逸失利益を含めた損害賠償請求が認められた[34]。このうち、前者のような事案では、前述の準解雇法理によって労働者の保護が可能であるが、後者の事案では困難であると思われる。なぜなら、会社が原告を辞めさせる意図を有していたと見ることもできないからである。

そこで、このような場合に、労働者の退職に伴う損害を保護しようとするならば、労働者を退職に追い込むような職場環境を作出しまたは放置しないことを内容とする不法行為上の注意義務または雇用契約上の配慮義務の存在を肯定する必要がある[35]。これは、厳密には、解雇の実質化を超えるものであるが、労働者保護の立場からは同様に重要である。しかも、もし、これが認められれば、使用者の追い出し意図の有無に関わらず適用が可能となるというメリットがある。この場合，その規範的根拠を考えると，不法行為上の一般的な注意義務として構成するよりは，使用者に固有の雇用契約上の配慮義務として構成する方がより説得的であると思われる。その理由は次の通りである。

まず，労働者は，雇用契約上，使用者の営業秘密を保持し，競業を避止し，使用者の名誉・信用を毀損しないなど，使用者の利益を不当に侵害しないという内容の信義則上の誠実義務を負っている。この誠実義務は，雇用契約の人的・継続的な関係に不可欠とされる信頼関係に由来すると解されている。そして，使用者が職場の人的・物的管理権限を有することからすれば，使用者には，一定の範囲で労働者の雇用契約上の利益に配慮する義務があるということができるが，それは必ずしも労働者の健康や安全に限定されるべきものでもない。ところで，労働者は主たる生計維持手段と職業能力維持・向上の契機とを使用者との雇用契約に限定することにより継続的企業活動に貢献している[36]。しかも，その契機としての雇用の維持は労使間の信頼関係の上に成り立っている。したがって，使用者は不当な仕方で信頼関係を破壊して雇用継続を実質的に不可能にしないようにするという信義則上の配慮義務を負っていると考える。ちなみに，イギリスでは，雇用契約上の黙示義務として「使用者は，合理的かつ適切な理由なしには，使用者と被用者の間の信頼関係を破壊しまたはひどく損なう見込みのある仕方で行為しない」という内容の信頼関係保持義務を負っているとの判例法理が確立しており，制定法上のみなし解雇もこの義務に違反する行為と解されている[37]。そして，我国における解雇権濫用法理は，まさに使用者の雇用継続に関する配慮義務を解雇との関係で表現したものに過ぎないとみることができる。労働者に責任のない整理解雇において使用者に雇用維持の配慮義務があるといえるなら，同様に労働者に責任のない雇用継続の障害を自己の支配下で作出しないようにする配慮義務があるということも可能である。そうだとすれば，労働者を退職に追い込むような職場環境を作出または放置しないように配慮する義務が存するということができると考える[38]。そして，このような配慮義務は，労働者が退職せざるを得ないと感じることが客観的に合理的であるといえるような状況を作出または放置しないように配慮するという内容であるから，必ずしも不当に抽象的なものともいえない。

しかし、退職は本来労働者の自己決定に掛かるものであるから、配慮義務違反に該当する事実の主張・立証責任は労働者が負うというべきであろう。また、配慮義務は使用者が人事・労務管理権を有することに由来するから、その履行補助者もその権限を実施する職務に従事している管理職に限定されると思われる。また、この配慮義務は結果債務ではないと考えられるから、例えば、他の従業員の私的な行為によって職場環境が労働者を退職に追い込む恐れのある状態になっていることを認識した場合、使用者は迅速に退職を回避するための誠実かつ適切な措置、例えば、調査、事情聴取、調整、処分等、をなすことが必要であるが、それをもって義務違反を免れると解される。また、そのような状態の発生に備えた従業員教育や苦情処理制度を設けていた場合にまで使用者の過失による配慮義務違反があるとはいえないであろう。以上のように考えると、前述の判例の配慮義務法理には規範的根拠があるとともに、使用者の負うべき責任の程度においても妥当性を確保することはできると考える(39)。

3　逸失利益算定の問題

解雇および退職追い込み行為に対し、不法行為または債務不履行に基づく逸失利益の賠償をも含めた損害賠償を認める場合、問題はその賠償額をどう算定するかである。前掲東京セクハラ（M商事）事件判決は、六カ月分の給与及び給与額三カ月分の賞与に相当する金額を得べかりし賃金の賠償額と認めた。また、使用者の追い込み行為を雇用環境配慮義務違反とした前掲京都セクハラ（呉服販売会社）事件および前掲エフピコ事件では、いずれの場合も、同様に六カ月分の賃金相当額が逸失利益であるとされている。しかし、得べかりし賃金額が六カ月分に限定されなければならない理由はない。この点、アメリカ合衆国では、諸般の事情から解雇に正当事由を必要とする黙示の合意があるなどにより当該雇用契約の随意性（at-will）が否定された場合、多くの裁判所は解雇がなければ合理的にみて雇用され続けたであろうと見られる期間を前提に、その期間中の賃金と他の雇用から得られたであろう賃金の差額を算出している。(40) 我国においても、同様に、諸般の事情を考慮してより積極的に雇用継続期間を推認するのが民事訴訟法二四八条の趣旨に沿うものと考える。(41) 逸失利益の算定は、まず、予定された退職までの期間、当該企業の同種労働者の平均的雇用継続期間、当該労働者の勤続年数、年齢、勤務態度・成績・過去の職歴、当該企業の規模、経済的環境等諸般の事情を基礎として合理的雇用継続期間を推定し、次に、再就職の有無およびその可能性、再就職までの期間、再就職先の賃金レベルなど口頭弁論終結時までの事実を考慮に入れてできるだけ正確な認定のもとに行なわれるべきである。確かに、雇用継続期間等の推認による逸失利益の算定は不確定な要素を伴うことは否定できないが、その不確定さからくる不利益は違反を犯した使用者の負担とされるべきである。

判例は、逸失利益の算定の困難を回避するためか、雇用保険基礎手当給付期間の賃金分を逸失利益と解しているようにもみえるが、(42) それでは再就職先で通常生じる賃金の低下が無視されてしまう。報告者は、例えば、大企業の長期勤続者に関していえば、通常、少なくとも二年程度の賃金相当額の損害があると考える。これは、次の諸事情を前提としている。まず、雇用調整で用いられる希望退職の退職金上乗せ金算定に用いられる期間である。それは、労働者の転職による金銭的不利益の労使の利益調整を前提にしているとみることができる。ある人事コンサルタントは月額給与または基本給の六カ月分から二四カ月分程度が一般的であるとし、(43) また労政時報の最近の調査によると、上乗せ金が、希望退職で約三四カ月分の賃金相当となっている。早期退職制でも一七・五カ月分である。(44) ただ、これは経営難の状況を前提に労使の利益を調整した額にすぎず失職よる収入の減少は、通常、これを超えるものと考えられる。もう一つは、再就職者の賃金の目減りに関する最近の調査報告である。それによると、再就職者の年収ベースの賃金は、年齢が高くなればなるほど落ち込みが多くなるが、例えば、四〇歳から四九歳の再就職者の場合で年間二一・六月分となっている。(45) この賃金格差が、例えば、六、七年は続くと仮定すると、再就職するまでの期間の逸失利益に加え一年半程度の逸失利益が出ることになる。したがって、右の判例の算定方法は、一般的には、労働者の不利になるといわなければならないであろう。

また、違法な解雇または退職追い込み行為に対し、逸失利益の賠償のほかに、人格的利益や肉体的精神的なものを含めた非財産的損害に関する慰謝料が認められるべきことは言うまでもないが、解雇や追い込み行為の動機・目的が公序に違反する場合や使用者に害意があった場合など強度の違法性が認められる場合には、慰謝料の制裁的性格を反映した額の算定がなされるべきである（46）。また、その行為の継続性や執拗性などからみて、擬制解雇に当たる場合の方が通常の解雇の場合より高額の慰謝料を請求できる可能性が高いとみることができよう。

五　おわりに

以上の通り、解雇規制の実質化のためには、雇用における労使の意思表示の実質を考慮に入れた解雇、辞職および退職の概念の構築、解雇権濫用法理、個別法および契約法理における解雇概念の相対性の認識、解雇類似行為に対する解雇法理の類推適用、辞職および退職における脅迫概念の拡張および公序良俗による規制などさまざまな試みが必要である。しかし、もうひとつは、解雇および解雇類似行為の救済方法として逸失利益含む損害賠償の法理を確立することである。同法理確立の意義は本報告で言及した効用にとどまらず、例えば、専属下請け会社に雇われている労働者が組合を結成したことを理由に、元請会社がその下請け会社との請負契約を解約した場合に、当該労働者が元請会社に対して得べかりし賃金等の賠償を求める途を開く可能性がある（47）。そして、このような損害賠償による救済は、過失相殺や損益相殺などを通じて労使の柔軟な利益調整に資するものと思われるのである。もっとも、過失相殺の適用にとりわけ慎重を期すべきことはいうまでもない。

（1） 中川製作所事件・東京地判平成四・八・一〇労判六一六号九六頁。
（2） 東京地判平成一一・三・一二労判七六〇号二三頁。
（3） 例えば、ジャレコ事件・東京地判平成九・六・二〇労判七二〇号二四頁、大通事件・大阪地判平成一〇・七・一七労判七五〇号七九頁など。
（4） ニシムラ事件・大阪地決昭和六一・一〇・一七労判二八六号八三頁、伊澤商店事件・大阪地決平成元・二・二七労判五三六号一頁、ネスレ日本事件・水戸地龍ヶ崎支決平成一二・八・七・労経速一七八一号二六頁。
（5） 古い判例でそうした要素を伴わないものに昭和自動車事件・福岡地決昭和五二・二・四労判二七〇号二六頁があるが、控訴審（福岡高判昭和五六・四・一五判時九一九号一〇一頁）では申込みが撤回されたものとして処理されている。
（6） 前掲ネスレ日本事件の本案では労働者が冷静に判断して行動したものとして強迫の成立が否定されている（ネスレジャパンホールディング事件・水戸地龍ヶ崎支判平成一三・三・一六労経速一七八一号二〇頁、同控訴事件・東京高判平成一三・九・一二労経速一七八一号一六頁）。
（7） 森戸英幸「辞職と合意解約」講座二一世紀の労働法四巻（有斐閣、二〇〇〇年）二一三頁以下。
（8） この点、セガ・エンタープライゼス事件・東京地決平成一一・一〇・一五労判七七〇号三四頁などは参考となる。
（9） 道幸・小宮・島田『雇用をめぐる法律問題』（旬報社、一九九八年）一一一頁〔島田陽一執筆〕。
（10） 雅叙園事件・東京地決昭和二七・六・二七労民集三巻二号一三三頁および小野田セメント事件・仙台高判昭和六四・一一・二二労民集二二巻六号一一一三頁が参考になる。
（11） 平一〇・六・一一女発一六八。
（12） 小西國友「労働契約の合意解除」『労働法の解釈理論』（有斐閣、一九七六年）一五七頁。
（13） 道幸・小宮・島田・前掲書四四頁以下〔小宮執筆部分〕、小宮文人『英米解雇法制の研究』（信山社、一九九二年）一三頁以下。
（14） G. d. Mersritz, 'Constructive Discharge and Employer Intent : Are the Courts Split over a Distinction without a Difference?', 21 Emp. Rel. L. J. 4, p. 91（1996）.
（15） 準解雇の概念が損害賠償請求の根拠に限られるのであれば、そもそも準解雇という概念を設定する必要性がないとの議論があるが、果たして解雇という概念をいれずして、そう簡単に逸失利益の賠償請求まで肯定できるとまで言い切れるのだろうか。

（16）東芝柳町事件・最一小判昭和四九・七・二二民集二八巻五号九二七頁。
（17）神戸製鋼所事件・神戸地判昭和四一・五・二五別冊労旬六〇五号二二頁。
（18）日立メディコ事件・最一小判昭和六一・一二・四労判四八六号六頁。
（19）例えば、三菱電機事件・神戸地判昭和三九・一・二九労民一五巻一号二六頁は、その必要性を否定する。
（20）同趣旨のものとして島田陽一「労働判例研究七二」法時七一巻三号一〇三頁（一九九九年）。
（21）丸島アクアシステム事件・大阪高判平成九・一二・一六労判七二九号一八頁、大京ライフ事件・横浜地決平成一一・五・三一労判五六九号四四頁。
（22）労働者の雇用継続の期待を理由として雇用調整を理由とする雇止めで労働者が勝訴した事案は極めて少ない。小宮文人「解雇・雇止め・退職強要の法律問題」ジュリスト一一四九号四九頁（一九九九年）。
（23）先例として、名古屋市立菊井中学校事件・名古屋地判昭和六三・一二・二二労判五三一号一四頁。但し、残念ながら、この判例は逸失利益の賠償までは認めていない。
（24）前掲東京セクハラ（M商事）事件のみである。
（25）東京地判平四・九・二八労判六一七号三一頁。
（26）大阪地判平一二・六・三〇労判七九三号四九頁。
（27）本久洋一「違法解雇の効果」講座二一世紀の労働法第四巻（有斐閣、二〇〇〇年）一九七頁。
（28）野田進「解雇法理における『企業』」学会誌九七号一五七頁（二〇〇〇年）。
（29）土田道夫「解雇権濫用法理の法的正当性」日労研雑誌四九一号四頁以下、一五頁（二〇〇一年）。ちなみに、労基法二〇条所定の解雇事由のない即時解雇については、解雇無効の主張と有効を前提とする予告手当の請求のいずれかを選択できるとする選択権説が有力に主張されている（山口俊夫・新版労働百選四九頁、セキレイ事件・東京地判平成四・一・二一労判六〇五号九一頁）。
（30）なお、わいわいランド事件は、控訴審（大阪高判平成一三・三・六、判例集未掲載）で小額ながら逸失利益の賠償が認容された。小久保哲郎「解雇に賃金相当額の損害賠償を認容」季刊労働者の権利二四三号六四頁以下（二〇〇二年）。
（31）懲戒解雇は違法無効だが、使用者に過失はなかったとして慰謝料請求を棄却した事例として、姫路赤十字病院事件・昭和五五・五・一九労判三四九号三〇頁。

(32) 水戸地下妻支判平一一・六・一五労判七六三号七頁。
(33) 京都地判平成九・四・一七労判七一六号四九頁。
(34) なお、前掲エフピコ事件判決は同控訴事件判決(東京地判平成一二・五・二四労判七八五号二二頁)で取り消されたが、その理由は、判断枠組みには関係なくもっぱら事実認定によるものである。
(35) 前掲京都セクハラ(呉服販売会社)事件とエフピコ事件のうち、後者の事件は、雇用契約上の付随義務または雇用関係における不法行為上の注意義務に違反するとやや含みのある説示をしている。これらの判例は、働きやすい職場環境を保つように配慮すべき労働契約に付随する信義則上の義務に違反するとして慰謝慮請求を認容した三重セクハラ事件判決(津地判平成九・一一・五労判七二九号五四頁)の延長線上にあると思われるが、「その意に反して退職することがないように職場環境」を整備する義務に違反するとして雇用継続の喪失に対する損害賠償、すなわち賃金等の逸失利益まで認めたところに特徴がある。最近の仙台セクハラ(自動車販売会社)事件・仙台地判平成一三・三・二六労判八〇八号一三頁は、働きやすい職場環境を保つように配慮する義務の一部を構成するとしている。小宮文人「雇用終了をめぐる最近の判例」北海学園大学法学研究三五巻三号四一二頁(二〇〇〇年)参照。
(36) 野川忍「解雇の自由とその制限」講座二一世紀の労働法四巻(有斐閣、二〇〇〇年)一五四頁以下。
(37) 詳細は、有田謙司「イギリス雇用契約法における信頼関係維持義務の展開と雇用契約観」山口経済学雑誌四六巻三号一八三頁以下(一九九八年)。
(38) 最近の仙台セクハラ(自動車販売会社)事件・仙台地判平成一三・三・二六労判八〇八号一三頁はこれを肯定するようにみえる。
(39) なお、丸一商事事件判決(大阪地判平成一〇・一〇・三〇労判七五〇号二九頁)は、無理に解雇の意思表示があったと捉えず、使用者の配慮義務違反を理由とする損害賠償の問題として考える余地がある(古川陽二「労働判例研究八五」法時七二巻四号一一一頁(平成一二年))。
(40) 小宮文人『英米解雇法制の研究』一五五頁以下、Larson, Unjust Dismissal, Vol. 1, §9 A. 02 [5] (Matthew Bender, up-dated in December 2000), W. J. Holloway and M. J. Leech, Employment Termination (2nd ed.), (BNA, 1993), pp. 692-697.
(41) 小宮文人・前掲註(35)の論文。

（42）前掲京都セクハラ事件。
（43）林明文『人事リストラクチャリングの実務』（実業之日本社、二〇〇〇年）八三頁、櫻井稔『雇用リストラ』（中央公論新社、二〇〇〇年）一二九—一三〇頁。
（44）労政時報三四八四号（二〇〇一年三月二三日）二頁以下、特に表一二の統計数字参照。
（45）日本労働研究機構『失業構造の実態調査結果（中間報告）』（一九九九年発表）、www. jil. go. jip/happyou/990325-01-jil/990325-01-jil. html.
（46）この点については、道幸・小宮・島田・前掲書一三九頁〔小宮執筆部分〕参照。
（47）大阪空港事業（関西航業）事件・大阪地判平成一二・九・二〇労判七九二号二六頁参照。

（こみや　ふみと）

解雇事由の類型化と解雇権濫用の判断基準

――普通解雇法理の検討を中心として――

根本　到
（神戸商船大学助教授）

はじめに

近年、日本的雇用慣行が急速に揺らぎ始め、能力主義あるいは成果主義を基調とする人事管理制度を実施する企業が増加しつつあるが、こうした動向が急速に進んだことを背景として、これまで以上に、勤務成績の不良や非違行為など労働者の人的理由による解雇が増加することが指摘されている(1)。しかしながら、このように雇用環境の変容に伴って普通解雇問題が一つの焦点となりつつあるにも関わらず、日本では、普通解雇について、整理解雇のような判断枠組と判断基準が構築されてきたわけではない。訴訟過程で様々な考慮事項が取り上げられてきたが、諸般の事情を総合勘案して判断が下されているに過ぎず、先例に値する包括的な判断枠組として示されたものは、ごくわずかである(2)。学説においても、整理解雇法理や解雇権論それ自体と比較して、普通解雇については、個々の事案の検討はともかく、普通解雇法理を包括的に考察したものは必ずしも多くない現状にとどまっている(3)。

こうした問題状況に鑑みて、本稿は、普通解雇法理の判断枠組の考察を目的としている。考察の順序としては、まず普通解雇に関する裁判例の状況を簡単に概観したうえで普通解雇法理の課題を明確にし、そのあとで課題を理論的に検討しながら普通解雇法理の判断枠組の構築を試みることにする。

なお、本論に入る前に最初に三点ほど指摘しておかなければならないことがある。第一に、本稿において考察の対象とする普通解雇とは、経営上の理由による解雇、すなわち整理解雇とは区別された労働者の人的理由による解雇の総称として使用しているということである。もっとも、人的理由による解雇としては、いわゆる懲戒解雇という解雇類型が存するが、懲戒解雇の問題は本稿では基本的には対象としていない。ただし、懲戒解雇と普通解雇の性質論の捉え方によっては、懲戒解雇事由と非違行為に関する普通解雇事由の審査に関しては共通点もあるだろう。(4)

第二に、本稿では、現行の解雇権濫用法理による解雇規制を前提にして考察を進めることにするが、本稿の課題は、従来の判例法理の整理あるいは分析にあるのではない。本稿ではむしろ、普通解雇に関する裁判例の集積を前提としながらも、筆者なりの視点を提示して、裁判例に現れた諸々の判断要素の体系化を試みることにしたい。

第三に、学会当日あるいはそれ以降に、幾人かの先生方から経済学の視点と法学の視点の比較につき、幾つかの貴重な助言をいただいたが、それに対する回答については残念ながら本稿では扱わない。解雇問題に関して、法学者が経済学的な視点をどう捉えるかは近時避けられないテーマになってきていると思われるが、その点に関する検討は別稿を予定しているので、本稿ではその点の検討については割愛する。

一　普通解雇に関する裁判例の動向と課題

1　裁判例の傾向——裁判例で示された判断要素

まず裁判例の現状をどのように表現するかが一つの問題であるが、裁判例を概観してみると、(5) 普通解雇については、

表1　裁判例の現状

①勤務成績不良の場合

解雇権濫用を基礎づける要素	解雇権濫用を否定する要素
(1)　勤務成績不良の程度が解雇をもってのぞまなければならないほど重大でないこと (2)　業務への影響が存しないこと (3)　相対評価に基づく勤務成績を解雇事由としたこと (4)　勤務態度に関する指導・注意に従って勤務成績を向上させたこと (5)　異動などにより勤務態度等の改善の機会を与えなかったこと (6)　向上への意欲を見せたにもかかわらず解雇したこと (7)　使用者側に指導または管理体制上の落ち度が存したこと (8)　他の労働者と不均衡な取扱いをしたこと (9)　違法な差別的な解雇事由が別に存したこと	(1)　勤務成績不良の事実が存すること (2)　不良の程度が重大であること (3)　勤務成績不良を根拠づける多くの事実が存すること (4)　職責（管理職）や職務（専門職，顧客業務）からみて特定の職務能力を欠くことが明白であること (5)　採用時に特定の能力があることを条件としたこと (6)　指導や配転などの機会を与えたにもかかわらず改善がなされなかったこと (7)　配置転換が困難であったこと

②傷病の場合

解雇権濫用を基礎づける要素	解雇権濫用を否定する要素
(1)　傷病の程度が一時的あるいは軽度であること (2)　すでに完治しているか，あるいは治癒が見込まれ，職務能力の回復が見込まれること (3)　配転によって職務の継続が可能であること (4)　傷病休職中に回復したこと，あるいは休職後回復する蓋然性が高いこと (5)　傷病が私傷病でなく労災であること	(1)　傷病の種類が継続的あるいは重度で，職務上求められる職務能力を遂行できないこと (2)　傷病休職制度などを利用しても回復の見込みがないこと (3)　企業規模や職務内容から配転可能な職場がないか，あるいは配転しても労務の遂行が見込めないこと

③非違行為の場合

解雇権濫用を基礎づける要素	解雇権濫用を否定する要素
(1)　非違行為が存したとしても，情状の重いものとは認められないこと (2)　非違行為が存したとしても，会社業務が妨害されるほどではないこと (3)　非違行為の性質や程度に照らして，解雇という処分が著しく重いこと (4)　非違行為にいたった経緯をみると，使用者側にも不備があること (5)　是正警告も発せずに突然解雇したこと (6)　他の労働者と不均衡な取扱いをしたこと (7)　違法な差別的な解雇事由が別に存したこと	(1)　何らかの職務に関連する非行あるいは業務命令違反が存したこと (2)　非違行為が重大であり，業務への支障が認められること (3)　非違行為と認められる行為が多数存すること (4)　警告を発したにもかかわらず非違行為が繰り返されていること

大きく分けて、解雇事由該当性の判断、解雇事由の継続性の有無、その他の諸々の争点などが形成されている。もっとも、こうした争点の分類の仕方や具体的基準については、整理解雇の四要件のような明確な実体的な基準は確立されておらず、解雇事由ごとに、労使の利益衡量に向けた判断要素が列挙されているに過ぎない。したがって、図式化してみれば、それぞれの項目ごとに、解雇権濫用を根拠づける事情と否定する事情とに分けて表にすることがもっとも正確に裁判例の状況を表現しているといえるだろう。以下では、典型的な解雇事由として挙げられることの多い、勤務成績の不良、病気（傷病）、非違行為の三者に分けて、裁判例の動向を確認しておきたい（**表1**を参照）。

まず、勤務成績の不良を理由とする解雇の事案については、解雇が無効とされる場合、勤務成績不良の程度が解雇をもって対応しなければならないほど重大でないこと、使用者側に指導または管理体制上の落ち度が存したことおよび他の労働者と比べて不均衡な取扱いをしたことなどの要素が考慮される傾向が強い。これに対し、解雇が有効とされる場合には、不良の程度が重大であることや多くの否定的な事実が存することに加え、指導や配転などの機会を与えたにもかかわらず、改善がなされなかったことなども重視されることが多いが、とりわけ職責や職務の内容からみて特定の職務能力を欠いていることが明白である場合に解雇が有効とされる傾向にある。[6] このように、このケースの場合、職務能力の喪失の有無とその後の改善状況などが有力な争点となっているわけであるが、こうした判断要素の相互関係や基準の普遍性（とくに就業規則条項の有無によって左右されるか否か）はあまり明確とはなっていない。

つぎに傷病を理由とする解雇の事案については、解雇権の濫用が認められることが多い場合としては、例えば、すでに完治しているかあるいは治癒が見込まれ、傷病休職中に職務能力が回復したこと、あるいは休職後回復する蓋然性が高い場合などである。これに対し、濫用を否定する場合としては、傷病休職制度などを利用しても回復の見込みがないことや企業規模や職務内容から配転可能な職場がない場合など、回復の見込みや職務転換の可能性がなかったことなどを挙げる傾向にある。[7] このように、このケースの場合、主に傷病休職期間中の状況や配転による職務転換の有無などが争点となっているわけであるが、このケースについても、傷病の程度・種類、職務転換義務の有無や傷病休職制度と解雇法理との関係などに関する基準は必ずしも明確ではない。

最後に非違行為に基づく解雇の場合については、解雇権の濫用が認められる事案としては、主に非違行為の性質や程度に照らして、解雇という処分が著しく重いこと、あるいは他の労働者と不均衡な取扱いをしている場合(8)など「社会的相当性」がないと判断される事案が多い。これに対し、解雇が有効とされる場合は、非違行為と認められる行為が多数存すること、警告を発したにもかかわらず非違行為が繰り返されている場合など、傾向として、重大あるいは多数の非違行為の存在が認められるケースは解雇が有効とされている。しかし、非違行為に関する解雇についても、結局、どの程度の種類・回数の非違行為が普通解雇の対象とされるのかという点や是正警告の位置づけが不明確なため、具体的にどのような場合に解雇が有効とされるのかについては他の事由の解雇と同様、十分明らかにはなっていない。

2 課　題

以上のように普通解雇に関する裁判例の傾向をみると、解雇事由ごとに判断要素はある程度列挙されつつある。しかし、その一方で、個々の事案で判断要素がどのように位置づけられ、どういった要素を重視して結論が導かれたのかについては、裁判官の心証に委ねられ、普通解雇については諸般の事情の総合勘案という枠組みの中で結論が示されることが多い。

裁判例がこうした判断枠組に留まっていることについては、たしかに、普通解雇事案が多様であるという事情が関係していると推測される。しかし、このような基準では、裁判規範あるいは行為規範として不明確さが残っていることは言うまでもなく、今後普通解雇に関する争いが増加すると予想されるにもかかわらず、訴訟あるいは職場において、普通解雇の有効性基準を判断する基準はほとんどない。

そこで、こうした現状に鑑みて、裁判例で示された判断要素の整理が必要であると考えるが、整理にあたっては、普通解雇法理には次に述べるような二つの課題があると思われる。

第一に、多様な種類の解雇事由が存するため、解雇事由の存否に関する判断枠組や個々の判断要素の法的意義が明確になっていないという点である。

例えば、傷病や勤務成績の不良などのケースで、一時的に職務能力の喪失があっても能力向上の見込みがあれば、当該解雇を無効としている傾向が強いが、その一方で、将来の状況を特に判断せずに現に解雇事由が存するだけで解雇を認めている事案もみられる。結局、当該就業規則条項に「労働能率が劣り、改善の見込み」がないといった規定が存するか否かを根拠としているわけだが(9)、就業規則条項がなければこうした判断要素は解雇権濫用法理のなかで問題とされる余地がないのかはまだ十分検討されていない。いずれにしろ、これまで個々の判断要素の意義や相互関係は十分明確になっていないので、裁判例で示された個々の判断要素の位置づけに関する検討が求められているといえるだろう。

第二に、普通解雇の場合、複数の解雇事由が列挙されたうえで解雇がなされることが多いが、解雇事由が併存あるいは競合する場合の判断枠組が確立されていないという点である。

裁判例の中には、経営環境の悪化と勤務成績の不良など整理解雇事由と普通解雇事由が併存している場合など、まったく性質の異なる事由が併存する事案でも、解雇事由が複数存することを考慮して、解雇を有効としているものもみられる。しかし、こうしたケースで、総合判断を認めることによって解雇の基準を緩和することが許されるのかは大きな問題である。判断基準の整理が求められている点といえるだろう。

そこで以下では、以上二つの課題を考察し、判断要素の整序を行ってみたい。

二　普通解雇法理の法的構造

普通解雇については判断要素が体系化されていないため、判断要素の法的意義を明確にし、整序すべきことを第一の課題として指摘したが、本章では、まず、普通解雇の特質を考慮して、判断要素整序の視点を三点ほど以下に示したい。

1　判断要素整序の視点

(1)　「客観的で合理的理由」の判断と「社会的相当性」の判断との識別

整理解雇と比較して普通解雇の場合、労働者側の人的事情、すなわち個別契約の存続に直接影響を与えるような契約当事者の個人的事情が決定的な問題となる。このため、整理解雇と異なり、労働者の選択基準や集団的な手続きなどが問題となる契機がなく、債務不履行や履行不能など労働契約の存続を危殆化するような解雇事由が存するかが必然的に決定的な基準となる。

したがって、まず、普通解雇の場合、最高裁(10)で示された「解雇の客観的で合理的理由」の判断と「解雇の社会的相当性」の判断とを分類することは大きな意義を持つと考える。これまで、下級審の判断の中には、この二つの判断を識別せずに結論を下すこともあった。しかし、両者の基準は、漠然と並列状態にあるわけではなく、前者が解雇事由の存否に関わる普遍的な判断基準であるのに対し、後者は前者が充足されたうえではじめて求められる判断基準に過ぎないことを考えれば、両者を分類することは判断要素の整理に際して大きな意義をもつといえるだろう。

(2)　解雇に関する法原則の普通解雇への適用について

第二に、普通解雇法理においても、整理解雇法理などに適用されている法的原則が適用されるかを問題にすべきである。具体的にいえば、解雇回避努力義務を要請する解雇の「最後的手段の原則」と解雇事由の継続性を要請する「将来予測の原則」の適用が問題となる。[11] 整理解雇法理などで取り上げられることの多い、こうした法的原則が普通解雇にも普遍的に適用されるとすれば、それに対応した判断要素は、「社会的相当性」の判断に該当する事項ではなく、「客観的で合理的な理由」の判断に該当する事項と考えられるだろう。

これまで、こうした法的原則は、職務能力改善の見込みなどに関する判断要素として幾つかの普通解雇に関する裁判例でも実際に問題となってきたが、学説・判例の動向に鑑みれば、普遍的に適用される原則であると確立されたわけではない。むしろ、「最後的手段の原則」については、経営側に責任のある整理解雇にのみ適用されると説明されることが多いため、普通解雇における解雇回避措置は、情状酌量的な位置づけがなされているに過ぎない。また、将来予測の原則についても、すでに述べたように、就業規則等に「労働能率が劣り、改善の見込みがない」場合に解雇するとの条項が存することを根拠とする場合が多く、普遍的な適用の有無については同じく明確になっていない。

しかしながら、まず、将来予測の原則についていえば、ドイツの議論状況も参考にすれば、継続的契約関係における契約の解消手段としての「解雇」は、「解除」と異なり、将来効を有する権利として、過去の債務不履行に対する単なる制裁として位置づけられるのではなく、その目的は契約関係が何らかの事情で破綻しているため、将来に向けて継続的契約関係を解消する点にある。したがって、解雇権のこうした本来的な性格に鑑みれば、解雇事由が現に客観的に存しているだけでなく、将来においてもその事由が継続することが解雇に際して求められることは必然的な要請であると考える。こうした法的特質に鑑みれば、将来予測の原則は、就業規則条項の存否にかかわらず、解雇権濫用法理において普遍的に求められる法原則であり、その意味で、解雇の客観的で合理的な理由の審査に位置づけられる。

つぎに、「最後的手段の原則」であるが、その要請の法的根拠は、理論的に必ずしも明確になっているわけではなく、これまでは、労働者に責めのない経営上の理由によって解雇される労働者の要保護性に根拠があると説明される傾向が強かった[12]。しかし、整理解雇の特質に基づいて労働者を保護するために解雇回避措置が課されるとの論理についていえば、整理解雇の場合にのみ労働者の要保護性が高いことを強調することは必ずしも正しくないと思われる。例えば、本人に特に責めのない傷病による普通解雇の場合に、解雇が労働者にとって重大な不利益となっていることを看過しているからである。

私見によれば、最後的手段の原則は、むしろ解雇権という、継続的契約関係の他方当事者の利益に必然的に影響を与える契約解消型形成権に伴って課される必然的な要請（他者の利益を侵害する故に目的と手段が均衡することが要請される）だと考える[13]。したがって、こうした制約は整理解雇だけでなく、普通解雇についても、解雇権を行使する限り常に適用されると解すべきであり、解雇の客観的で合理的理由の判断に位置づけて問題にすべきことになる。ただし、最後的手段の原則が普遍的に適用されるとしても、具体的なあてはめ方については、普通解雇のそれぞれの特性に応じた適用が求められることはいうまでもない。例えば、非違行為を理由とする解雇の場合、配置転換が解雇回避措置として意味をもたないことが一つの特徴的な例である。こうした具体的な適用に伴って生じる問題については、後述することにしたい。

(3)　普通解雇の法的契機

普通解雇の事案を概観した場合、就業規則に定められた解雇事由に該当するかが問題となることが多いが、ほとんどの事案で文言を形式的に適用するのではなく、本質的な解雇事由を念頭におきながら、合理的限定解釈を行っている。具体的には、傷病による解雇の事案においては、傷病それ自体を解雇事由としているケースはなく、あくまでも傷病を原因とする職務能力の喪失が業務に影響を与える場合に解雇を有効としている。また、協調性の欠如を理由とする解雇の事案も、協調性の欠如を立証することに主眼がおかれているわけではなく、勤務成績の不良や非違行為の一つの指標として指摘されているに過ぎない(14)。

このように考えてみると、一見多様にみえる普通解雇事由のなかで解雇の法的契機となっているものは、結局のところ、履行不能的な事情に該当する「職務能力の喪失・低下」と債務不履行的な事情に該当する「非違行為」の二つに大別されるように思われる。

もっとも、理論的には、解除権と異なり解雇権の場合、職務能力の喪失という履行不能の事実や非違行為における債務不履行の事実が直接解雇権を根拠づけるわけではなく、労働者の「職務の不適格性」、すなわち契約の継続可能性を計る指標に過ぎないことに鑑みれば、両者が共通性を有することも否定できない。しかしながら、こうした類型化は、先述の法原則に基づく審査との関係においては大きな意義を持つと考える。なぜなら、一方で、「職務能力の喪失・低下」という事由は労働者に責めのない労働者が統御不可能な事情を原因とするという特質を有する。その結果、法原則との関わりでいえば、解雇回避措置として、配置転換の有無などを考慮したうえで、解雇事由の客観的な継続性が存するかが問題とされる。これに対し、「非違行為」の場合には、労働者の責めのある、本来労働者自身が統御可能な事由が問題となっているので、法原則との関わりにおいては、解雇回避措置は配転ではなく是正警告などが妥当なうえ、当該警告をしたうえで労働者自身の行為・態様などの主観的状態がどのように推移すると予測されるかが問題とされるだろう。このように、両者は、理論的には解雇回避措置の内容や解雇事由の継続性を計る対象の特質などにおいて区別すべき実益があると考えられるのである(15)。

2　解雇の「客観的で合理的な理由」の判断

以下では、以上のような判断要素整序の視点に従って、解雇の「客観的で合理的な理由」の判断の枠組について考察する（**図1**を参照）。

図1　普通解雇法理の法的構造

(1)「客観的で合理的な理由」の存否

①職務能力の喪失・低下による解雇の場合

職務能力喪失・低下の要因（傷病など）　→　職務能力の喪失・低下　←　契約内容（職種など）

※労働者に責めがない要因に限る

＋

客観的な観点からの能力向上の見込み（将来予測の原則の要請）

＋

職務転換の可否・職務能力回復の有無（最後的手段の原則の要請）

②非違行為による解雇の場合

労働者の行為・態度　→　非違行為の存否　←　契約上の義務の内容　職場規律の内容

＋

是正警告などによる指導（最後的手段の原則の要請）

＋

労働者の行為・態様の変化の状態（将来予測の原則の要請）

(2)「社会的相当性」の判断

労働者側に有利なあらゆる事情を考慮可能な判断枠組み

＊解雇事由の程度と解雇という処分の均衡性

＊平等取扱い

＊労働者の生活状態，勤続年数など

(1) 解雇事由存否の判断基準

先述のように、普通解雇の法的契機を二つに大別できるとすれば、この二つの解雇事由の存否は、どのような判断基準によって構成されるのか。主に次のような点が基準となると考えられる。

まず、「職務能力の喪失・低下」の場合については、傷病など何らかの「職務能力喪失原因」の程度や性質が一方で問題となるわけだが、他方で契約内容上求められる職務能力の内容が問題となる。裁判例でもみられるように、特定の能力を求められる労働者や責任の程度の重い管理職の場合は、労働者に求められる職務能力が限定されているので、特定の能力を喪失しただけでも、解雇が正当化される可能性が高くなるだろう。

これに対し、「非違行為」の場合については、労働契約上の義務違反あるいは職場規律違反が解雇事由となっているので、契約上の義務内容や職場規律の内容に、当該行為が違反していると評価されるかが問題となる。この場合、裁判例にもみられるように、解雇に該当するほどの重大性を有した義務違反や規律違反であるといった事情や非違行為事由が多数存することなども考慮されるであろう。

(2) 使用者の評価と解雇事由——人事管理制度の変容と解雇事由

ところで、このような基本的な判断枠組を設定した場合に、使用者の評価をどのように位置づけられるかは一つの課題である。とりわけ、勤務成績の不良のケースなどでは、近年、人事管理制度が能力主義的あるいは成績主義的なものになりつつあるので、使用者の評価を解雇事由の判断においてどのように位置づけるかは決定的な問題となると予想される。この点に関しては、能力主義・成績主義に基づく人事評価権の制約に関しては、解雇権論に限定されない問題が存するのでここですべてに答えることはできないが、解雇権論の関係に限って次の二つの点だけは指摘できるであろう。

第一に、人事考課に基づき評価が低いということはそれ自体としては解雇事由とはならないということである。こうした事情は、業務遂行能力が平均的な程度に達していなかった債権者の解雇が問題となったセガ・エンタープライゼス事件(16)などで問題となったが、平均以下であるとの相対評価で解雇事由が充足されると解されると、常に成績が下位のものを会社は解雇できることになる。したがって、相対評価それ自体が解雇事由として認められるべきではない。

第二に、使用者が裁量に基づき必要とされる職務能力の水準を上げたり、職務を変更したりした場合には勤務成績が悪くなることがありうるが、こうした場合、解雇事由の存否をどのように測るべきかという極めて困難な問題が生じる。この点、使用者の主観的評価でなく、契約内容から客観的に審査すべきことがまず前提となるが、そのうえで、経営組織や経営方針の変動などに起因する急激な能力基準の変化を背景として解雇している場合には、整理解雇に類する解雇と位置づけたうえで、他の解雇回避措置などを尽くしてもなお、解雇の必要性があると認められるような経営上の諸事情が存するかが問題とされるべきではないだろうか。このような場合、能力主義・成果主義に基づく賃金制度などが導入されている場合が多いであろうが、賃金制度で対応できないほどの能力の低下がみられなければ、整理解雇の基準に準じて解雇の必要性はないと考えるべきである。また、職務の変更や能力基準の変更に際しては、企業側が十分な教育的な措置を講じることが解雇回避措置として求められることにも留意しなければならない。

(3)「最後的手段の原則」および「将来予測の原則」の適用に基づく判断要素

「最後的手段の原則」および「将来予測の原則」の両原則が普通解雇に適用された場合に、普通解雇の特質に応じて、次のような判断要素が構築されるであろう。

まず、「最後的手段の原則」の具体的適用は、企業内の他者の権利を害してまで求められるものではないので、普通解雇の場合には、整理解雇の場合と比較して解雇それ自体に集団的特質が存しないことを考慮すると、労働時間の短縮など事業所内全体に影響するような措置は解雇回避措置として不適切となる。

また、労働者自身の人的事情の性質に応じた解雇回避措置が求められるので、職務転換を目的とした配転や教育的措置が一般に問題となるが、非違行為の場合にはこうした措置よりも、その性質上、是正警告が最も適した解雇回避措置として位置づけられる場合が多くなるであろう。

つぎに、「将来予測の原則」に関わっては、指導教育あるいは是正警告など解雇回避措置を尽くしたうえでの状況が法的には問題とされるわけだが、傷病などによる場合は医師などによる客観的な判断が問題（例えば、傷病休職中の回復状況の判断）とされるのに対し、非違行為による場合は、一回ないし数回起こした非違行為が将来的に繰り返される危険が存するかなどを問題とすることになるだろう。ただし、こうした点も、使用者の評価が基準となるのではなく、過去の非違行為の態様、労働者自身のその後の状況などをもとに客観的に判断すべき事柄となる。

3　「社会的相当性」の判断

以上のような、解雇の「客観的で合理的な理由」の判断の基準に対し、「社会的相当性」の判断は、次のように位置づけられる（図1を参照）。

社会的相当性の判断は、解雇事由が存してもなお権利行使に際して求められる基準であって、解雇が苛酷に失しないか、あるいは平等性に反しないかを、被解雇者に有利なあらゆる事情を考慮して判断しようとするものである。したがって、本質的に判断要素を定式化することができるものではなく、被解雇者（労働者）に有利となるあらゆる事情を総合勘案することを可能とする判断枠組であると考えるべきであろう。

従来、この判断に際しては、高知放送事件・最高裁判決などで示された、解雇事由と解雇という処分の相当性（均衡性）であるとか、神田法人会事件(17)などで示された他の労働者と均等な取扱いなどが主に問題となってきた。しかし、必ずしもこれに限る理由はなく、今後はあらゆる労働者側の事情を問題にできると考えるべきである。例えば、労働者の勤続年数や労働者の生活状況なども考慮する余地があるだろう。

なお、「社会的相当性」の判断は、解雇の「客観的で合理的な理由」の存否が認められたうえで、具体的な諸事情を勘案してなされる第二段階の判断枠組であるが、「客観的で合理的な理由」の判断と比べてその比重が劣後するわけではない。解雇権の濫用を判断するに際に求められる重要な基準であることはいうまでもない。

三　解雇事由が併存している場合の判断枠組——総合判断の可否について

1　問題の所在

つぎに、普通解雇法理の第二の課題として位置づけた、解雇事由が複数併存している場合の判断枠組について検討

図2　解雇事由が併存している場合の判断枠組

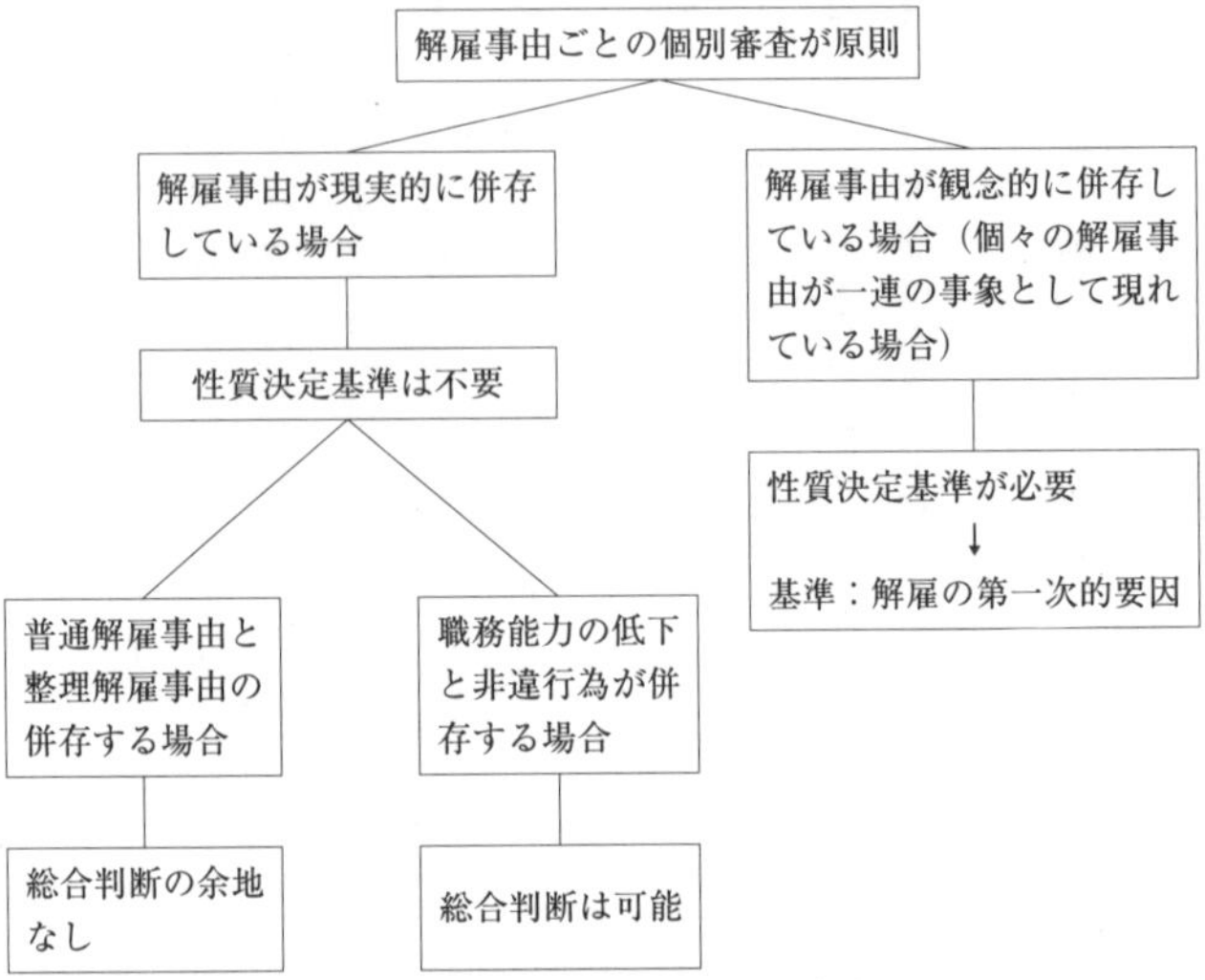

※ただし，個々の解雇事由ごとに，
法原則の要請に応える必要がある。

してみたい。

すでに指摘したように、これまで普通解雇の事案においては、解雇事由が併存あるいは競合している場合が極めて多いうえに、多数の解雇事由が挙げられるほど解雇が有効とされる傾向が強い。こうした状況を前提として、最近では、経営環境の悪化や支社の廃止など整理解雇的な事由と勤務成績が不良であるといった普通解雇的な事由が併存しているケースも問題になっているが、こうしたケースでは、本質的には整理解雇的な事案であると思われるにもかかわらず、普通解雇の判断枠組を適用して判断した事案や経済的な事情を補足的に考慮し、いわゆる「合わせ技」で解雇理由とした事案もみられる。

いずれにしろ、個々の解雇事由で解雇を全体として正当化できない場合に、解雇事由を総合して解雇を有効とすることを裁判例は認める傾向にあるわけだが、こうした判断枠組の妥当性を検証してみたい（**図2**を参照）。

2　判断基準

(1)　解雇事由ごとの個別審査の原則

まず、解雇事由が併存している事案の判断枠組を解明するうえで、考察が求められる第一の課題は、包括的な利益衡量判断を認めるのか、あるいは解雇事由ごとの個別審査を原則とするのかという点である。この論点を考えるにあたっては、現時点では、日本では諸外国のように解雇制限法が存しないため、解雇事由が法律上の要件として位置づけられているわけではないので、解雇事由を識別して判断することを原則とすることには批判もあるだろう。

しかし、解雇権濫用法理のもとでも、解雇の法的契機が職務能力の喪失・低下、非違行為、経営上の理由の三つに大別されることを前提とし、その三つの解雇事由ごとの個別審査を原則とすべきである。なぜなら、解雇権濫用法理のもとでも、解雇事由ごとに、その特徴に応じて、解雇事由存否の基準や解雇回避努力の基準が課されているからである。したがって、一部の裁判例のように、解雇事由の存否の判断を曖昧にして、包括的な利益衡量判断を行うことは許されるべきではないであろう。

(2)　解雇の性質決定基準の必要性

つぎに、以上のように解雇事由ごとの個別審査を原則とすると、複数の解雇事由が問題となっている事案を審査するにあたり、当該事案の解雇の性質決定が必要となるのか、あるいは特に性質決定をすることなく、訴訟で求められた解雇事由につき審査をするだけでよいのかが問題となる。こうした論点は、日本でこれまで一部の研究[18]を除いてあまり考察されていないが、解雇事由の併存状態を法的に解決する際には不可避の課題である。

この点については、当然のことながら二つの選択肢がある。第一に、解雇事由ごとの解雇の合理性判断とは別に、この事案は、整理解雇の問題であるとか、普通解雇の問題であるとか、事案の性質決定基準を必要とするという考え方である。最近では、尼崎築港事件[19]において、「客観的に合理的な基準を定立してそれに基づいて解雇の対象者を選定した結果、原告が選ばれたわけではない」という理由で整理解雇の事案ではないと判示されているが、その妥当性はともかく、性質決定を先に行ってしまうことを意味する。もっとも、こうした考え方を適用した場合、当然のことながら、解雇の識別基準が理論的に必要となるという難しい問題を抱えるうえ、結果的に一つの解雇事由の判断しか認めないため、解雇の判断基準が相対的に緩和される可能性があることにも留意しなければならない。最近の裁判例では、高島屋工作所事件[20]において、普通解雇事由と整理解雇事由に該当する二つの就業規則条項を適用したが、裁判所は経済的事情を併せて考慮して、従業員の適格性がないことに合理的理由があるとした。このように、第一の考え方をとった場合、整理解雇の四要件を適用しないうえ、通常の普通解雇の判断基準よりも緩和して判断されるおそれもあるのである。

これに対し、それぞれの解雇事由ごとの判断枠組があれば足り、性質決定基準を不要とするという考え方も成り立ちうる。この考え方にたてば、訴訟で主張された解雇事由に関する判断枠組を適用すれば足り、それぞれの事由ごとに解雇が正当化されるかが単に問題となる。ただし、この考え方が適用された場合、日本においては、整理解雇法理の判断枠組が使用者に厳しいと受け止められているため、整理解雇的な事案の多くが普通解雇として主張される可能性が高くなることも予想される。また、解雇法理は裁判規範としてだけでなく、解雇事由ごとに行為規範としても問題となっているが、性質決定基準がない故に現実の場面で使用者の行為規範が不明確になるというおそれもある。

このようにそれぞれの選択肢にはそれに応じた問題点があるわけだが、いずれを適用するかについては、二つの場合を区別することが必要である。二つの場合とは、解雇事由が現実的に併存している場合と、解雇にいたる一つの事象が法的に二つの解雇事由から考察可能なだけで、いわば解雇事由が観念的に併存している場合とである。

前者は、例えば、傷病による欠勤と職場外非違行為の双方が存する場合や、勤務成績がすでに不良であった者が、経営が悪化したもとで解雇された場合などが該当する。この場合、結果的に解雇の合理性が認められるかはともかく、それぞれの事由を個々に問題にできない理由はない。また、解雇事由ごとの判断基準を緩和することは適当でないという意味でも、性質決定基準は不要であり、単に主張された事由に基づき解雇法理を適用することで足りると解するべきである。

これに対し、後者は、例えば、経営環境が悪化する中で、評価基準が厳格になり、勤務成績が不良になった者を解雇した場合などが該当すると思われるが、解雇事由が複数挙げられていても、全体として解雇にいたる一連の事象と捉えられる事案である。この場合、仮に普通解雇事由と整理解雇事由の双方が挙げられたとしても、解雇事由は観念的に併存しているに過ぎないため、解雇の性質決定をする必要があると考えるべきである。

なお、性質を決定するためには、解雇の性質決定基準が必要となるが、この点については、諸外国の動向を参考にすると、時間的に第一次的な要因あるいは事由の優劣を比べたうえでの決定的要因を基準とするということが考えられる。私見としては、性質決定基準が求められるのは、それぞれの解雇事由にあたる事情が連続する一つの事象となっている事案に限るので、性質決定に際しては、時間的に第一次的な原因が何であったかを基準とすることが妥当ではないかと考えている[21]。

(3) 個別審査後の総合判断の可否と基準

解雇事由が併存している事案の判断枠組を解明するうえで考察が求められる最後の論点は、解雇事由が現実的に併存しているケースで、解雇事由ごとに個別審査を行って解雇が正当化されない場合、併存する解雇事由を総合して、いわば「合わせ技」で解雇を正当化することが許されるかである。この問題については、整理解雇事由と普通解雇事由が現実的に併存している場合と職務能力に関する事由と非違行為の普通解雇事由が現実的に併存している場合とを分けて考察することが必要である。

まず、経営環境の悪化と勤務成績の不良など整理解雇事由と普通解雇事由が併存している場合であるが、この場合、解雇の目的は、一方が使用者側の事情に起因するのに対して、他方は労働者側の事情に対する対応であるという意味でまったく性質を異にしている。また、それぞれの解雇事由ごとの判断枠組をみると、整理解雇の場合にも人選の合理性の判断枠組の中で労働者側の事情を考慮することが可能であるし、普通解雇の場合も経営上の不利益の度合いを解雇事由存否の判断の中で考慮できる。したがって、他の解雇事由を考慮する必要はなく、総合判断を認める余地はまったくないといえよう。

これに対し、傷病による多数の欠勤と業務命令違反など、職務能力の喪失と非違行為の双方の事情が存する場合には、解雇事由の存否について、個々の事由ごとに個別審査を行うべきであるが、こうした個別審査を原則としながらも、それぞれの事由の程度を補うかたちで、総合判断することは可能と考えるべきであろう。なぜなら、整理解雇事由と普通解雇事由の併存の事案と異なり、この場合、いずれも労働者自身の「職務の適格性」の喪失を計るという共通の側面を有するからである。もっとも、この場合も、包括的な利益衡量を最初から認めるわけではなく、例えば、個々の事由の継続性の有無（将来予測の原則の要請）や解雇事由ごとの解雇回避措置の可能性（最後的手段の原則の要請）などは個別に判断することが求められることには注意すべきであろう。(22)

おわりに

以上、本稿では、普通解雇法理の判断枠組を構築するうえで、主に次のようなことを行ってきた。第一に、解雇事由の類型化と法的原則の適用の有無などを考察することにより、裁判例で示された判断要素を理論的に整序することを試みたことである。第二に、解雇事由が併存する場合の判断枠組の整理を行ったことである。いずれの論点も、これまであまり意識的には議論されてこなかったと思われる論点であるが、本稿では普通解雇法理の構築にとって不可避の課題であると位置づけて，考察を加えた。

しかしながら，普通解雇法理の構築がこれだけで終わるわけではない。傷病や個々の非違行為など事案の特性に応じた判断枠組の構築は，今後の課題とせざるをえない。

（1）唐津博「長期雇用慣行の変容と労働契約法理の可能性」日本労働法学会誌八七号（一九九六年）一二八頁以下，土田道夫「能力主義賃金と労働契約」季刊労働法一八五号（一九九八年）一九頁以下など。

（2）その代表的なものが，高知放送事件・最高裁判決（昭五二・一・三一，労判二六八号一七頁）であるが，ここでも，「普通解雇事由がある場合においても，使用者は常に解雇しうるものではなく，当該具体的な事情のもとにおいて，解雇に処することが著しく不合理であり，社会通念上相当なものとして是認することができないときには当該解雇の意思表示は，解雇権の濫用として無効になる」と判示したにとどまっており，具体的な判断基準を示したわけではない。

（3）判例研究などを除くと，これまで普通解雇法理それ自体に検討を加えたものとしては，代表的なものとして，野田進教授の一連の業績（例えば，「解雇」現代労働法講座10巻（一九八二年）二〇二頁以下）や道幸哲也・小宮文人・島田陽一『リストラ時代雇用をめぐる法律問題』（一九九八年，旬報社）などがある。

（4）周知のように，「懲戒解雇の普通解雇への転換」については，両者は発生根拠を異にするとして，転換を否定する見解（例えば，菅野和夫『労働法　第五版補正版』四五〇頁）と解雇という共通性から転換を認める見解（下井隆史『労働基準法　第三版』一三八頁）があるように，普通解雇と懲戒解雇の相違点については議論がある。私見では，この点につき普通解雇が結果として懲戒的機能を有するとしても，普通解雇の法的意義，目的において非違行為に対する制裁としての意味はないため，その有効性基準に関わって，非違行為の「程度」の基準などに相違が生じると予想しているが，懲戒解雇と普通解雇とで対象とする非違行為の種類に特に差異がでることはないと考えている。

（5）紙数との関係および本稿の目的から考えて，判例を一つ一つあげることはできない。また，ここでの判例の現状に関する分析は，私が検索しえた裁判例から大づかみに抽出した傾向をまとめたものに過ぎないことをここでお断りしておきたい。

（6）例えば，第一次的に要求される商品および従業員の管理能力，接客態度不足などを理由とする，食品製造販売の店長の解雇を有効とした、ユーマート事件・東京地判（平五・一一・二六労判六四七号）などがある。

（7）傷病休職制度に関わっては、基本的には休職期間満了時に解雇の相当性があるかを判断すべきことになっている（例えば、マール社事件・東京地判（昭五七・三・一六労経速一一一六号一三頁）が、就業規則に自動休職規定がある場合については争いがあり、判例は一般に休職事由の消滅がなければ退職となるとしている（例えば、三豊製作所事件・東京高判（昭四五・四・一四判タ二五二号二八一頁））。

（8）例えば、神田法人会事件・東京地判（平八・八・二〇労判七〇八号七五頁以下）では、遅刻を重ねている同僚が一、二名いることを理由に解雇を無効とした。

（9）こうした規定が問題となった最近のケースとしては、セガ・エンタープライゼス事件・東京地決（平一一・一〇・一五、労判七七〇号三四頁）を挙げることができる。

（10）高知放送事件・最高裁判決（昭五二・一・三一、労判二六八号一七頁）。

（11）二つの法原則の問題については、拙稿「解雇法理における『最後的手段の原則』と『将来予測の原則』」日本労働法学会誌九四号（一九九九年）一九五以下参照。

（12）多くの文献でこのような見解が主張されてきたように思われる。ただし、近時の文献では、例えば、土田道夫「解雇権濫用法理の法的正当性」日本労働研究雑誌四九一号（二〇〇一年）五頁では、解雇回避努力義務は解雇一般に求められる要件であると論じられている。

（13）形成権などの権利の行使にあたっては目的と手段のバランスに基づく比例性が要請されることが多いが、契約解消型の形成権については、相手方の利益を侵害することが不可避であるので、この比例性の要請が厳格に課される（すなわち、最後的手段の原則という最も厳格な基準が課される）と解すべきだと考えている。しかしながら、こうした考え方が、例えば、近時有力に主張されている契約の継続性に基づく信義則という論拠とどのような差異を有しているのかという点や労働者の退職の自由とどのような関係を持つのかについては別稿で展開してみたいと考えている。

（14）道幸哲也「会社にとって飲み会がそんな大事――協調性欠如を理由の解雇」道幸哲也・小宮文人・島田陽一『リストラ時代雇用をめぐる法律問題』（一九九八年、旬報社）一六八頁以下。

（15）なお、勤務成績不良による解雇の事案は、こうした分類からすれば、双方に属することになる。例えば、傷病など労働者に責めのない自ら統御不可能な事情によって能力不足に陥った場合と自らの落ち度を原因とする勤務成績の不良など自らに責めのある場合とに分類されることになる。

(16) 注(9)を参照。

(17) 神田法人会事件・東京地判（平八・八・二〇労判七〇八号七五頁以下）。

(18) 野田進「解雇の概念について」法政研究六八巻一号（二〇〇一年）一二七頁以下および川口美貴「フランスにおける経済的理由による解雇」季刊労働法一九六号九六頁以下を参照。本稿のこの点に関する考察については、二つの文献から大きな示唆を得ているが、ドイツの議論状況も考慮して、私見は結論を若干異にしている。一番大きな差異は、解雇の性質決定がすべての事案で問われるわけではないと考えているという点である。

(19) 尼崎築港事件・東京地判（平一二・七・三一労判七九七号四九頁以下）。本件では、ある労働者がある部署にトラブルを起こしたため配置転換され、その後にその部署の業務が別会社に委託されたため出向されたが、その出向先が廃止されたことにより復帰が問題になった。しかし、それにもかかわらず復帰させると良好な人間関係が崩れるという理由で解雇されたことが問題となった。

(20) 高島屋工作所事件・大阪地判（平一一・一・二九労判七六五号六八頁以下）。本件では、会社とのトラブルが絶えなかった労働者をその所属する部署の業績悪化にあたって他の部署が当該労働者の受け入れを拒否したためなされた解雇が問題となった。

(21) こうした点から、経営上の事情を背景に職務能力評価の基準が強化されたうえでの解雇は整理解雇に類型化される可能性がある。なお、フランスでこのような基準を主張している学説等が存することについては、注(18)の文献を参照。ドイツの判例においては第一次的な要因を基準とするとの立場が確立されているが、近時多くの学説から、一つに性質に限定することによって、判断基準の緩和が生じていることを理由として、性質決定基準を設けることそれ自体に批判がある。議論の状況については、Dorndorf, Heidelberger Kommentar zum Kündigungsschutzgesetz, Aufl. 3., 1999, S. 107ff. に詳しい紹介がある。

(22) なお、学会当日に質問を受けた、差別や団結権侵害など真の違法な解雇事由がある場合については、解雇事由の併存あるいは競合の場合と区別して、そうした事情の存在だけで解雇は相当性を欠くものと解するべきであると考えている。

（ねもと　いたる）

解雇規制をめぐる立法論の課題

島田陽一
（早稲田大学教授）

一　はじめに

本稿は、解雇規制に関する立法構想の提示を目的とする。解雇に関する立法論がかつてなくさまざまなレベルで取り上げている現在、労働法学会においても本格的な議論が求められているといえよう。本稿が、そのための問題提起になれば幸いである。

本稿では、第一に、解雇権濫用法理および解雇立法論に関する最近の議論を踏まえて、日本の解雇法制についてどのように評価すべきかを簡単に述べる。第二には、今日における解雇の立法規制の必要性を明らかにし、そして第三に、解雇規制において重要な立法課題に関する具体的構想を展開する。

このうち第一の点を論ずるのは、つぎのように考えるからである。

現在解雇に関する法的ルールの立法化は、大きく分けて二つの立場から主張されている。一方は、現在の解雇ルールが厳格すぎるため、適切な範囲で緩和すべきであるという見解である。そして他方は、むしろ解雇規制を強化する立場からの立法論である。このように、立法論を志向しながらも、大きく方向性が分かれる議論がある以上、立法論を論ずる前提として、現行の解雇法制および解雇法理の意義と機能に関して、本稿の立場を示しておくことが必要と思われるのである。(1)

なお、一国の解雇法制を検討するためには、本来少なくとも、解雇法制に関連する諸制度の見直しをあわせて取り上げるべきであろう。この意味で、解雇法制の本格的検討は、単に解雇に関する規範の立法化ということにとどまらず、労使関係の法的枠組みを基本的に方向付けるものになる。しかし、本稿では解雇法制固有の問題およびそれと密接に関連する問題の検討にとどまることを断っておきたい。(2)

また、紙数の制約から、学会報告当日の内容を圧縮しているとともに、本稿が有益な示唆を得た多くの文献について、その引用を大幅に省略せざるをえなかったことをお許し願いたい。

二　日本の解雇法制と解雇法理の意義と問題点

1　日本の解雇法制についての評価

さて、日本の解雇法制を一口に言えば、「解雇規制が、ないようである、あるようでない」と評価できる。「ないようである」とは、次のことを意味している。

日本では、実定法に一般的な解雇規制規定がないにもかかわらず、裁判規範のレベルでは、判例法が発展し、解雇権濫用法理が形成されている。また、行為規範のレベルでみれば、高度経済成長期には、労働力不足という局面を迎え、大企業における長期雇用慣行および安定的労使関係が定着し、解雇という手段を安易に用いてはならないという意識が広がっていった。この結果、解雇をできる限り回避するということが、いわば労使の自生的な行為規範として成立したともいえる状況が生まれたのである。

このような状況を「解雇規制がないようである状態」と呼んでいる。つまり、実定法規を読んだだけでは発見できない解雇規制規範が存在しているのである。

また「あるようでない」とは、次のことを意味している。

現在では、労働者が解雇の不当性を争うためには、訴訟を起こさねばならない。しかし、裁判というものは、一般労働者には大変敷居の高いものである。この結果、多くの労働者は、裁判を提起することをあきらめて、解雇のリスクを自ら背負うことになっている。つまり、一般労働者にとってアクセスしやすい、法的紛争解決の場を欠いていたため、結局、解雇に関する裁判規範の機能する範囲が実際には限定されていたといえる。また、長期安定雇用を享受していない労働者、とくに非正規労働者にとっては、そもそも企業が解雇を自己規制するという、正社員に対する行為規範の対象から除外されてきたことも指摘しなければならない。

そして、解雇権濫用法理は、その適用対象を限定しているわけではないが、判例法理であるという性質上、実定法以上に経営者および一般労働者が知ることがなかったといえる。

このような状況を「解雇規制があるようでない状態」と呼んでいる。労働法の教科書には描かれている解雇規制が、本当に必要な人には利用されていないか、またはほとんど知られていないという深刻な状況があるといえよう。

以上をまとめるならば、日本では、裁判規範のレベルでは、解雇権濫用法理という判例法理が、一般的な解雇規制立法の有する機能を部分的に代替しているが、判例法理であるための限界がある。また、解雇を極力回避することが暗黙の合意とされているのは、大企業の正社員を中心とする従来の基幹的な労使関係に限定されてきたのである。日本の解雇法制をめぐる状況をこのように評価すると、とくに立法論を論ずるときには、その要石となっている解雇権濫用法理についてより詳しく検討する必要があろう。

2　解雇権濫用法理の意義と問題点

(1)　解雇権濫用法理の意義

解雇権濫用法理の意義としては、第一に解雇規制立法を欠くにもかかわらず、実質的に解雇に正当事由を要するという法理を築いたことがあげられる。国際的に見ると、アメリカを除くいわゆる先進工業国では一九七〇年代から次第に解雇立法が整備され、解雇自由という法原則は、大きく後退している。この意味では、日本の労基法は、制定当時には、解雇規制の国際水準をほぼ満たしていたといえるが、いまや一九五〇年代の遺物といえなくはない。この立法の遅れを解雇権濫用法理が補ってきたと評価できよう。

第二には、整理解雇についても、一応の審査基準を確立したことである。この審査基準の内容も日本の雇用調整の実態を踏まえているということにとどまらず、ＩＬＯ一五八号条約（Termination of Employment Convention）やＥＣ指令（Council Directive 98/59/EC of 20 July 1998 on the approximation of the laws of the Member States relating to collective redundancies）による規制内容と通底するものであることが注目される。

そして、第三は、解雇権濫用法理がパートタイム労働者にも適用され、また有期契約の更新拒否にも類推適用されるなど、適用範囲の広い法理として形成されたことである。

このような解雇権濫用法理の果たした重要な機能は、解雇規制の立法内容に継承する必要がある。

(2)　解雇権濫用法理による解雇規制の問題点

しかし、解雇規制をいわば解雇権濫用法理に依存するということには、以下のような問題点がある。

第一に、解雇権濫用法理が事例判断の積み重ねによって形成された判例法理であるために、いかなる事由が正当な解雇理由となるのかについて、不透明性ないし不確定性が付きまとうという点である。整理解雇をめぐる最近の議論は、その問題点が典型的に現れたものといえる。(3)第二に、判例法理であるために、当然のことながら、諸外国で発達している慎重な解雇手続きを創設する機能がないということである。第三には、裁判での事後統制のための法理であり、解雇紛争において重要な調整的機能を有していないことが指摘できる。(4) 第四に、解雇された労働者は、裁判を提起しないと救済されないということである。この結果、時間と金のない労働者にとっては、解雇の不当性を争うことが困難であるという現実がある。そして第五には、解雇権濫用法理は、非正規従業員をバッファーとする雇用慣行を承認しているという問題点がある。すなわち、解雇権濫用法理は、その適用範囲は広いものの、正社員とそれ以外の労働者の差別を公正さの判断から除外していると考えざるをえない。例えば、有名な日立メディコ事件最高裁判決（最二小判昭六一・一二・四判例時報一二二一号一三四頁）には、有期労働契約に対する解雇法理の類推適用を広く認めたという側面がある一方で、他方では、非正規労働者の雇用保障が正規労働者とは異なることを承認したという側面があることを忘れてはならないであろう。

三　解雇規制立法はなぜ必要か

1　なぜ今、解雇の立法的規制を論ずるか

さて、現行の解雇規制について、以上のような問題点を指摘できるとしても、このことから解雇の立法的な規制が必要であるとの結論に直結するとはいえない。そこで、なぜ今解雇の立法的規制が必要かをここで検討しておこう。このことにより、ここで提案する解雇規制立法の基本的な方向性も自ら明らかになるであろう。

(1)　解雇に関する政策転換の必要性

これまでの雇用政策は、たとえ不況期にあっても、企業が雇用の継続を努力するように誘導することに力点をおいてきた。すなわち雇用調整助成金の給付などの政策により、企業も解雇を極力回避するという姿勢を維持することが

できたのである。この結果、労働者が解雇に直面するのは、例外的現象と位置づけることができたので、現在の解雇規制の問題点があまり強く意識されることがなかったと思われる。しかし、現在の不況が循環的なものにとどまらず、産業構造の転換を迫るものであることを考慮すると、従来のような企業に雇用継続を求めるという政策が限界に来ていると考えざるをえない。したがって、この状況を放置すると、少なくとも中期的には、解雇が増加し、その結果、現行の解雇規制の問題点を放置できなくなってくるといえる。

したがって、これまで政策的介入を控えてきた解雇規制について積極的な姿勢が求められているのである。すなわち、解雇による雇用の喪失というリスクに関して、使用者、労働者および社会がどのように分担するのかが妥当なのか、新たな均衡点が模索されるべき時期にきているといえよう(5)。

(2) 解雇規制立法の必要性

さて、解雇による雇用の喪失というリスクを適切に分配するためには、立法による規制が不可欠である。現状のような裁判による事後的な解決では、訴訟当事者である個別労使の問題しか検討対象となりえないし、また、そもそも解雇紛争が、裁判によっては十分な決着を得られないという限界があるからである。

また、雇用慣行に揺らぎのあるときには判例法による対処には限界がある。解雇に正当事由を要求する解雇権濫用法理は、すでに述べたように、解雇規制の国際動向に沿うものであるが、日本の企業における解雇を極力回避するという一種の内在的行為規範のくみ上げという側面が濃厚であった(6)。つまり、解雇に合理的な理由を要するという判例法理は、企業の内在的規範に実質的根拠を得て、定着してきたといえる。したがって、最近のようにこの内在的行為規範の前提である雇用慣行が動揺しはじめた時期にあっては、従来の判例法理が動揺することが避けがたい。その意味では、立法により解雇に正当事由を要することを明確にすべきなのである(7)。

さらに、解雇の立法的規制がある諸国と対比すると、現在の日本の解雇手続き規制はきわめて脆弱である。労働組合による規制を期待しえない現状を考えると、立法による解雇の手続き保障が不可欠といえよう。

以上のように考えると、裁判規範として定着し、基本的に国際基準とも合致している解雇権濫用法理の積極的側面を明文化し、さらに手続き規制の制度を導入することによって解雇紛争の処理基準の明確化することが重要な課題となっているということができる。

2 解雇立法をいかなる展望のもとに構想するか

ところで、解雇規制の立法化を構想する場合に、現在の雇用情勢に対する緊急対処としてこれを考えることは、必ずしも妥当ではない。現在、解雇基準をめぐるルールについては、総合規制改革会議で取り上げられ、現実的な政治日程に上っている。とくに総合規制改革会議での動きは、解雇ルールの明確化によって解雇権濫用法理を緩和することを念頭においているように思われる。しかし、現在の雇用問題のなかで、解雇権濫用法理がマイナスに作用したという実証のないままに、その理論的可能性だけを前提に議論を進めるのは拙速であろう(8)。

現在必要とされている解雇法制の見直しとは、五〇年前の国際水準にとどまる日本の解雇法制の問題点を見極め、現在の国際水準を参考にしながら、かつ今後の日本の雇用関係のあり方を展望し、従来の労働法制に適合的な制度を構想することであると考える。

3 いかなる立法が必要か——利用のしやすい解雇法制を

ではどのようなタイプの立法が必要なのであろうか。

第一に、国民に受容される解雇法制が必要と考える。すなわち、国民からみて、わかりやすい立法であること、その結果、裁判規範としてだけではなく、行為規範として機能するような立法を構想すべきであろう(9)。

第二に、解雇の手続き規制を整備するとともに、司法的解決と行政的解決をドッキングすることにより、解雇紛争の迅速かつ適切な解決が実現できる制度が必要である。

第三に、実定法規があっても、ほとんどの労使がそれを知らないという状態を克服することがきわめて重要と考える。この点では、国民による法の受容という視点から、立法内容にも新しい発想を要する。つまり、どのようにして法を普及するかということを法制度の問題と位置付けて、検討する段階を迎えているのでないか思われるのである。

4　立法化による過度の硬直化の回避

ところで、具体的な立法を考えるうえで、留意すべきことは、解雇紛争の解決ルールは、法律によってすべてを明快に規定することはできないということである。例えば、整理解雇の人選基準については、日本では、特定の社会的合意が形成されている状況にはないし、また、比較法的に見ても、一律に基準を法定化するのは困難と思われる。さらに、いわゆる解雇回避努力の具体的措置となると、企業の体力に応じて多様とならざるを得ない。結局、解雇のルールについては、さまざまなレベルでの労使の協議を媒介とした、合意形成に待つべき部分が残っていると考えざるをえない。この意味で、従来形成された判例法理を参考にしながらも、立法化による過度の硬直化を回避する必要がある。法律による解雇基準を定めることの限界性は、労使協議を促進する方向での、適切な解雇手続きにより補完されるのが妥当であろう。すなわち、手続的公正さを制度的に保障することにより、解雇事由の立法的規制の限界を補う必要がある。(10) ただし、この場合には、労働者側が、真に全体を代表しうる制度的保障が前提となることはいうまでもない。

四　立法構想の具体的課題

さて、本稿で提示する解雇規制の立法構想については、次の四つの点を重視している。第一は、解雇の実体的規制を立法化することである。第二は、解雇の手続き的規制を立法化することである。言い換えれば、手続き的な公正さを保障する制度的な枠組みを示すことである。第三は、雇用調整および整理解雇について、労使協議を促進するための手続きを立法化することである。そして、第四は、国民による法の受容という視点から、迅速かつ適切な紛争解決ルールと紛争解決機関の整備を行うことである。以下では、それぞれの課題に即して、立法構想を提示する。(11)

1　解雇事由——解雇の実体法規制

解雇の実体法規制を構想するに当たっては、これまで形成されてきた判例法理の実定法化を検討することが必要である。解雇権濫用法理は、その基本的な骨格において、定着した判例法理であり、また、内容的にも、解雇に合理的理由を求めるという基本的発想は、国際的な流れに即したものと言えるからである。

(1)　解雇禁止事由

解雇事由の規制については、具体的には特別の解雇禁止事由および一般的な解雇規制事由を定めることとする。

規定例①

「使用者は、労働者の人種、国籍、宗教、政治的見解、性別、社会的身分、障害、雇用形態を理由として解雇してはならない。

②使用者は、労働者が労働組合の組合員であること、労働組合に加入し、もしくはこれを結成しようとしたこと、もしくは労働組合の正当な行為をしたことを理由として労働者を解雇してはならない。
③使用者は、労働者が労基法等における過半数代表等（以下過半数代表等）であること、過半数代表等になろうとしたこと、もしくは過半数代表等の正当な行為をしたことを理由として労働者を解雇してはならない。
④使用者は、労働者が以下の労働関係法規上の権利を行使したことを理由として労働者を解雇してはならない。
（以下に各関係法規を列挙……略）」

現在でも、労基法をはじめとしていくつかの法律に解雇禁止事由が点在しているが、基本的にこれを統合した規定を設けるのが妥当であろう（規定例①参照）。これまでは、法律の文言ではなく、解釈によって解雇が禁止されているとされる規定もあり、国民にはいかなる事由による解雇が禁止されているかを知るのが簡単ではなかったからである。このような規定を設けることにより、国民が解雇禁止事由を一目で見てわかるようになると思われる。

なお、この規定では、解雇に関するＩＬＯ一五八号条約第五条を参考にして、労働者に対する差別禁止としての解雇禁止事由（規定例①第一項）をより包括的にし、またパートタイム労働者に関するＩＬＯ一七五条約七条の考え方を取り入れて、雇用形態（パートタイム労働者など）を理由とする解雇を禁止している。(12) その他、障害も禁止される解雇理由にとりいれている。年齢差別については、今後の検討課題にとどめたい。

(2)　解雇事由

規定例②
「使用者は、左の各号に掲げる正当な事由なしに、労働者を解雇してはならない。
一　労働者の職務遂行能力が職務に耐えられない場合、または職務に適格性がないとき。

二　労働者が重大な規律違反を犯したとき。
三　労働者に帰することのできない、経済的、技術的もしくは構造的理由またはこれと類似する理由から雇用調整の必要がある場合において、解雇以外の手段によっては、当該雇用調整が実現できないとき。
②使用者は、労働者に前項第一号の定める事由のあるときでも、その旨を当該労働者に書面で通知し、かつ使用者が適切な指導もしくは訓練等を実施し、当該労働者に猶予期間を与えたうえでなければ、当該労働者を解雇してはならない。
③使用者は、労働者に第一項第二号の定める事由のあるときでも、使用者の文書による警告にもかかわらず、当該労働者が当該規律違反を繰り返した場合でなければ、当該労働者を解雇してはならない。ただし、当該規律違反が著しく重大な場合には、この限りではない。
④使用者は、第一項第三号に基づく解雇を行うとき、その人選につき、具体的で合理的な基準によらなければならない。
⑤本法にいう正当な事由をできるかぎり具体的に示すために、厚生労働大臣は、労働政策審議会の議を経て、解雇の正当事由に関するガイドラインを作成する。」

さて、解雇権濫用法理は、解雇に正当事由があること（客観的合理性）および使用者が解雇権を適切に行使すること（相当性）を要求している。ここでは、このことを踏まえて、解雇事由を規制する規定を検討したい（規定例②参照）。

解雇事由については、解雇に正当事由を要することを規定する。この場合、留意すべきことは、抽象的文言にとどめず、解雇の正当事由の類型をできる限り明らかにすることである。韓国では、「使用者は、正当な理由なく労働者を解雇、休職、停職、転職、減俸その他懲罰をしてはならない」とする規定があるが、この「正当な理由」という文言が抽象的であるために、なにが「正当な理由」にあたるかは、日本の解雇権濫用法理における解雇理由の合理性判断が参考にされているといわれている。(13) これでは、解雇の正当事由を立法化する意味は半減してしまうであろう。また、この規定を国民が読んで、解雇にいかなる理由を要するかが容易に理解できることが求められよう。さらに、労働者および使用者からみて、解雇法制が単なる裁判規範ではなく、その行為規範として利用できるように具体化された規定が望ましい。もっとも、法律に書き込むことのできる実体的理由は、いずれにせよ抽象的にならざるをえないので、これを補足する意味で、解雇の正当性の具体的内容を明らかにするリストであるガイドラインを作成すべきであろう（後掲のリスト例参照）。

解雇の正当事由としては、第一に、労働者の職務能力、第二に、労働者の規律違反、そして第三に労働者に帰することのできない、使用者側の経済的、技術的、構造的理由をあげている。したがって、この立法構想では、いわゆる懲戒解雇についても、規制の対象としているし、また、いわゆる整理解雇についても、当然に正当事由を要することになる。

つぎに、使用者が解雇権を適切に行使すること、すなわち解雇の相当性の問題については、労働者の職務能力に関しては、使用者がそれを労働者に通告のうえ、適切な指導もしくは訓練を実施し、労働者に一定の猶予期間を与えることを義務付けている。また、規律違反については、やはり、当該労働者にその事実を通告のうえ、警告しても矯正されない場合に初めて解雇できるとしている。もっとも、規律違反の場合、それが極めて重大なときには、ただちに解雇できることが認められるべきであろう。

以上のような考え方は、解雇権濫用法理の内容であると同時に、ＩＬＯ一六六号勧告の定めを参考にしている。なお、労働者に対する通告の手段を文書としたのは、解雇をめぐる紛争防止および紛争の早期解決の観点からである。

なお、この解雇事由が、従来、解雇権濫用法理が類推適用されてきた雇用継続の期待がある有期労働契約の更新拒絶にも適用されるかが問題となろう。この点については、少なくとも解雇の正当事由規定が、類推適用されることになるといえよう。ただ、この問題を解雇手続きの適用問題も含めて、全体として立法的に解決するとなると、有期雇用契約に対する法的規制の立法化に関する考察を要する難問であり、今後の検討課題としたい。

2 解雇手続き

解雇手続きについては、現行法は、解雇それ自体を規制するというよりは、解雇によって生じる困難を緩和する措置としての、解雇予告制度を定めているにとどまっている。労基法二二条では、労働者が請求するならば、退職理由および解雇理由を使用者が書面で通知することになっているが、この規定も解雇手続きのなかに位置づけられているわけではなく、不徹底な規定といえる。

現代では、比較法的にみると、解雇権の適正な行使を確保するために、解雇手続きを整備する規定が各国で発達している。(14) 解雇事由の規制は、どうしても抽象的になるので、解雇規制としては、手続き規制が重要な役割を果たすことになるのである。そこで、日本においても、このような手続き的規制を取り入れることが必要と思われる。とくに、解雇対象者に対して弁明の機会を与える解雇の事前手続きを導入することが重要であろう。

(1) 事前手続き――弁明の機会の付与

> 規定例③
> 使用者が労働者を解雇しようとする場合において、当該労働者に弁明の機会を与えるために、事前に面談を実施しなければならない。

②使用者は、労働者に書面により、解雇理由、面談の日時および場所を通知しなければならない。面談日は、労働者に対する通知から少なくとも一週間後でなければならない。
③労働者は、面談において、自ら選択する付添い人の補佐を受けることができる。

使用者は、解雇の事前手続において、第一に、面談日を設定し、解雇対象者について解雇理由を付した書面によって呼び出す義務を負う。この呼び出しでは解雇対象者に弁明の準備期間を与えるために、面談日は、呼び出し状の到達から一週間程度後に設定されることとする。第二に、この事前の面談においては、労働者が十分な弁明の機会を与えられる必要がある。また、この際に、労働者に対して、面談において労働者を補佐する付添い人が認められるべきであろう。

⑵　解雇予告期間

規定例④
使用者が労働者を解雇しようとする場合において、労働者の勤続期間に応じて、少なくとも、以下に定める日数の前にその予告をしなければならない。
一　勤続年数二年未満　三〇日
二　勤続年数二年以上一〇年未満　六〇日
三　勤続年数一〇年以上　九〇日
（この規定に、労基法二〇条但書、二項、三項の趣旨を付加する。）

この面談の二日後には、使用者は、労働者に対し、解雇理由書を付して解雇を通知することができる。この解雇通知までの期間は、面談の結果を踏まえて、使用者が当該解雇について、再度熟慮するための考慮期間である。

解雇予告期間は、労基法では一律に三〇日となっている。しかし、解雇予告期間が、解雇による労働者に発生する打撃を軽減する機能を果たすとするならば、企業が勤続期間の長い労働者に対して、その功労を考慮して、より長期の予告期間を保障することは、適当な措置といえる。そこで、諸外国の例も参考にして、労基法二〇条を基礎に勤続年数による予告日数の加算を制度化すべきと考える（規定例④参照）。

3 整理解雇に対する法的規制

(1) 実体的理由の規制

つぎに整理解雇に対する法的規制を検討しよう。この立法構想では整理解雇については、「労働者に帰することのできない、経済的、技術的もしくは構造的理由またはこれと類似する理由」による解雇と定義している（規定例②参照）。その意味では、これまで日本においてイメージされてきた整理解雇よりも広い定義を採用しているといえよう。

そして、そのうえで、「労働者に帰することのできない、経済的、技術的もしくは構造的理由またはこれと類似する理由から雇用調整の必要がある場合において、解雇以外の手段によっては、当該雇用調整が実現できないとき」を解雇の正当事由とし、実体法的規制を課している。

この要件は、いうまでもなく、従来の判例法理を参考としている。これまで整理解雇をめぐる判例法理のなかでは、解雇の有効性は、①雇用調整の必要性、②解雇回避努力、③解雇の人選基準の合理性およびその適用の合理性ならびに④労使協議という四つの要件ないし要素によって判断されてきた。これらの四要件ないし四要素は、ＩＬＯ一五八号条約・一六六号勧告およびヨーロッパで発達している、剰員解雇を規制する法制度の主たる内容を裁判規範に置き換えているものと評価することができ[15]、日本における整理解雇規制立法の構想に当たって、参考にすべきものと評価できる。

規定案で示した解雇事由は、判例法理における雇用調整の必要性と解雇回避努力とを組み合わせたものである。つまり、この解雇は、経営上の理由により、就労継続を希望する労働者に解雇という不利益を課する結果となるので、雇用調整の手段として解雇が不可欠であるときにはじめて、解雇が正当化されるわけである。したがって、雇用調整の必要があることに加えて、そのために、解雇が不可避であることを使用者が示す必要があるといえる。その意味で、数ある雇用調整手段において、解雇は、最後の手段と位置づけられねばならない。

ただし、雇用調整の必要性と解雇回避努力とについて、あまり事細かに法律に書き込むのは妥当ではないと考える。それは、企業が雇用調整を必要と判断する局面は多様であり、これを人為的に限定することはできないからである。最終的に裁判所が判断しうるのは、経営判断そのものではなく、経営方針とそれを実現するための手段に合理性があるかにとどまるといえる。判例法理においても、かつては、「倒産必至」という判断基準がとられたことがあるが、次第に姿を消し、最近では、「戦略的合理化」による雇用調整の必要性を承認する例も見られるのは、この問題の難しさを示しているといえよう。

また、解雇回避努力は、各企業の体力に応じて多様であろうし、また雇用調整の必要性との関連でもその求められる努力の程度が変化する。そこで、法律本文には、基本的な考え方を示し、リストにおいて、具体的事例を列挙するという方式をとるべきであろう(16)。

つぎに整理解雇の実施にあたっては、人選の合理性を確保しなければならないことを明文化している。ただし、人選の合理性を判断するうえでの考慮要素は、書き込んでいない。これは、人選の具体的基準については、日本では、社会的合意が形成されておらず、特定の考慮要素を法律によって定めるには、機が熟していないと判断したからである。

(2) 手続き規制

(a) 手続き規制の必要性

整理解雇は、労働者に帰責事由のない解雇であり、労働者に帰責事由のある解雇に比べて、使用者には、労働者を納得させる説明義務がより強度に課されるといえる。そして、この整理解雇の必要性は、経営全般に関わる判断を求められるので、労働者個人ではなく、労働者の代表者との協議が適切であろう。まして、整理解雇を回避する措置や不利益軽減措置については、労使協議が必要不可欠である。同時に、解雇回避措置にしても、人選基準にしても、その内容が法律によって一義的に決定できないので、当該労使の判断が重要な意味を持っているといえる[17]。

もっとも、判例法理において、労使協議を要するとされたのは、もともと一定規模以上の整理解雇が想定されていたといえる。労使協議を課することを一定規模以上の整理解雇に限定する考え方は、ＩＬＯ一五八号条約でも示されているし（一三条二項）、また前掲の一九九八年ＥＣ指令にはその具体的基準が定められている（一条）。さらに、整理解雇について、その規模によって取扱いを異にするという考え方は、日本でも例えば雇用対策法の「再就職援助計画」の作成義務（二四条）について同様の考え方が採用されている。

規定例における整理解雇の定義によれば、対象者が一人という解雇も整理解雇となりうるし、また企業規模または事業場規模が極めて小さな場合の整理解雇もありうるということになる。したがって、このような多様な企業規模における多様な整理解雇について、すべて同様の手続きを課することが妥当かを検討する必要がある。しかし、実は、この問題は、いかなる手続きを法定化するかに従属する事柄といえる。法定化される手続きが、簡易にとどまるのであれば、それほど考慮する必要はない問題といえるからである。

では、整理解雇の対象者が一人であっても、最低限必要とされる手続き的規制はいかなるものであろうか。それは、当該解雇が法定の整理解雇事由を満たしていることを明らかにすることであろう。解雇の正当事由の証明が、使用者の責任とされている以上、解雇理由を明確にする手続きを法定化することは、過重な手続きとはいえず、むしろ必要不可欠な手続きといえよう。

この点を踏まえ、以下では、まず一定規模以上の整理解雇を念頭においた整理解雇手続きを検討し、その後、整理解雇の規模および企業ないし事業場規模を考慮した、簡略手続きを示すことにしたい。

(b) いかなる段階で労使協議を実施するか

整理解雇の手続きについては、整理解雇に至るどの段階にどのような手続を課することが必要であるかを検討しなければならない。整理解雇に至る過程には、いくつかの段階があるので、その各段階において適切な労使協議が行われる必要があるからである。

整理解雇の実施過程を考えると、まず、雇用調整計画が策定される段階がある。この雇用調整計画には、当初から整理解雇を予定するもの、雇用調整計画の実施によっても予定された人員削減が実現しない場合には整理解雇を予定するもの、さらには整理解雇を実施しないものなど多様であろう。ここでは、とくに、整理解雇の予定されていない雇用調整についても労使協議の対象とするかを考えておきたい。日本の場合、工場閉鎖などのような場合以外には、大規模な雇用調整においても、整理解雇を前提としない場合が少なくない。このような雇用調整については、労使協議を法律が義務付ける必要があるかという問題である。

希望退職募集を含む雇用調整は、自発的といえ、雇用を喪失する労働者が生じることを前提とするという意味において、他の雇用調整手段とは区別して考えるべきであろう。その意味で、日本において整理解雇を法的に規制する場合には、希望退職募集を含む雇用調整について、整理解雇手続きと全く無関係のものとして、労使協議の対象としないというのは、適切ではないと考える。希望退職募集は、予定数に達しなかった場合には、整理解雇に進む可能性が非常に高いことを考えると、この段階から労使協議を法的に義務付けることが必要であろう。また、整理解雇が最終手段でなければならないことからすると、整理解雇の具体的提案は、希望退職募集の実施後に、なお人員削減の必要性が残っている場合に限定されるのが原則であるからでもある。

次に、整理解雇そのものの実施段階における協議が考えられる。ここでは、主として、人選の合理的基準および再就職支援措置などの不利益軽減措置をめぐって協議されることになるであろう。

(c)　雇用調整計画段階における協議

規定例⑤—1　雇用調整計画段階の手続き

使用者が希望退職または整理解雇を予定する雇用調整を行おうとする場合においては、その計画（以下、雇用調整計画）の決定以前に、労働者代表と誠実に協議しなければならない。

②前項の協議は、少なくとも六日間の間隔をおいて、二回行わなければならない。

③使用者は、第一回目の協議において、雇用調整計画について、労働者代表に誠実に説明しなければならない。この場合、使用者は、とくに雇用調整を要する理由、希望退職を行う場合にはその条件および希望退職または解雇を回避するためにとる措置などについて労働者代表に説明しなければならない。

④使用者は、第二回目の協議において、雇用調整計画について、労働者代表の要望を踏まえ、誠実に協議しなければならない。

⑤労働者代表は、第一回目の協議から第二回目の協議までの期間に、関係労働者の意見を集約しなければならない。

雇用調整計画段階の労使協議については、少なくとも、二回行われることにしている。これは、使用者側からの雇用調整計画の説明を中心とする協議と労働者側からの要望に基づく協議の場が必要と考えたからである。この協議は、労働者側の検討の機会を保障するために、最低六日間の間隔を置くこととする。第二回目の協議終了後、使用者は、さしあたり整理解雇を含まない雇用調整計画を決定することになる。また、工場閉鎖のように整理解雇を含む場合には、直ちに、整理解雇実施段階の協議に移行することになる。

ここでの協議では、使用者は、人員削減を回避するために取った、または取ろうとする措置を含めて、希望退職または整理解雇の必要性およびそれらの規模および人員削減を回避するための措置を労働者側に説明することになる。

(d)　整理解雇実施段階の手続き

> 規定例⑤―2　整理解雇実施段階における手続き
>
> 使用者が雇用調整計画に基づく人員削減が解雇以外の手段によっては達成できず、整理解雇を実施しようとすると場合においては、解雇対象者の数、解雇時期、解雇対象者の選定基準および当該解雇によって労働者が被る不利益を軽減する措置についての計画について、労働者代表と誠実に協議しなければならない。

整理解雇の実施段階については、使用者が人選基準および再就職支援措置のような不利益軽減措置を提案し、それについて労使が協議する。この協議も雇用調整段階と同様少なくとも二回実施される。

(e)　企業ないし事業場規模、雇用調整人数を考慮した簡易手続き

> ⑤―3　企業ないし事業場規模、雇用調整人数を考慮した簡易手続き
>
> 常時使用する労働者が一〇人未満である事業場においては、使用者は、雇用調整または整理解雇を実施しようとする場合においては、第○条および第○条にかかわらず、左の各号に定めるところによる。
>
> 一　整理解雇の対象者が一名である場合においては、解雇決定に先立つ面談において、労働者代表同席のもと

で、使用者は、整理解雇の必要性、解雇対象者の選定基準および当該解雇によって労働者が被る不利益を軽減する措置をとる場合においてはその計画について、当該労働者に誠実に説明し、かつ労働者代表と誠実に協議しなければならない。この場合において、当該解雇は、第〇条にもかかわらず、当該面談日の一週間後でなければ、当該労働者に通知することはできない。

二　整理解雇の対象者が二名以上である場合においては、使用者は、整理解雇の必要性、解雇対象者の選定基準および当該解雇によって労働者が被る不利益を軽減する措置をとる場合においてはその計画について、労働者代表と誠実に協議しなければならない。

この立法構想で予定している手続きについては、小規模企業および小規模事業場だけに関わる整理解雇について、簡易手続きを認めるのが妥当である。その基準としては、さしあたり就業規則の作成義務が生じる一〇名以上と一〇名未満で区別することにしたい。

簡易手続きは、整理解雇または人員削減の対象が一名であるか、二名以上であるかにより区別される。簡易手続きでは、通常の二段階の手続きを一段階に統合して行うことが認められる。

①　一名の場合

解雇対象者が一名の場合には、整理解雇の実施にあたり、解雇一般の手続きをベースとして、これに一定の加重手続きを課するものとしている。具体的には、面談実施を解雇通知日よりも少なくとも一週間前とする。この面談には、労働者代表が参加し、解雇の必要性および人選基準、再就職支援措置などの負担軽減措置等に関する労使協議も兼ねるようにする。

② 二名以上の場合

解雇対象者が二名以上の場合には、まず、労働者代表と整理解雇の必要性、整理解雇回避措置、人選基準および再就職支援措置などの負担軽減措置等に関する労使協議を行い、これを経て、一般の解雇手続きと同様の面談を実施する。

(f) 労働者代表

規定例⑥

整理解雇手続きにおける労働者代表とは、左の各号にしたがって選出される。

一 労働者の過半数で組織する労働組合がある場合においては、その労働組合の指名する者および当該労働組合の組織対象範囲以外の労働者がいる場合においては、それら労働者が命令で定める方法により選出する者。

二 当該事業場に、労働者の過半数で組織する労働組合がない場合においては、労働者が命令で定める方法により選出する者。

整理解雇手続きにおいて、最後に検討すべきことは、労使協議の労働者代表は誰かという問題である。この点では、無組合企業の場合に、誰を代表とするのかという問題および労働組合がある場合にも、複数組合における少数組合や非正規労働者のような利害の異なる集団の取扱いの問題が取り上げるべきである。もっとも、これは、労使協議制ないし従業員代表制の問題として、別途に本格的な検討を要する課題である。しかし、整理解雇手続きを法定化するうえで、避けて通ることのできないことも事実であるので、そのことに限定した労働者代表として提案している。

ここで重視したのは、当該職場の労働者全体の意向の反映を保障する制度を構想することある。この観点から、とくに、パートタイム労働者などの非正規従業員の取り扱いが重要である。

また、現行制度では、労働組合を除くと、常設の労働者代表を欠いているので、この労使協議の労働者代表は、アドホックな代表となる。この場合、その選出自体に多くの時間と労力がかかる制度は妥当ではない。そこで、労基法における過半数代表の仕組みおよび企画業務裁量労働制の労使委員会における労働者側委員に関する選出方法を参考にしながら、それらの欠点を補正でき、かつ迅速な代表選出が可能な仕組みを考えた。

まず過半数組合が存在する場合には、その組織範囲の労働者については、組合指名の者を労働者代表とし、組織範囲から除外されている者からも労働者代表を選出する。非組合員については、当該企業または事業場における労基法四一条二号に該当しない管理職およびパートタイム労働者などの非正規従業員からも労働者代表を選出する。なお、この労使協議が問題となるまで、労働者全体の労働条件について使用者と恒常的に交渉関係にあった少数組合のあるときには、その指名する者も代表者に加えることが適当であろう。

過半数組合のないときには、従業員を正社員、管理職および非正規従業員の三つのカテゴリーに分け、それぞれから代表者を選出する。また、この労使協議の以前から、使用者と恒常的に交渉関係にあった労働組合のあるときには、その指名する者も代表者にする。なお、簡易手続きの場合には、現行の過半数代表の選出方法による。

4　解雇規制規定違反の効果

> 規定例⑦—1
>
> 「第○条に定める正当事由を欠く解雇は無効とする。ただし、労働者が当該解雇の無効を争わず、損害賠償だけを請求するときはこの限りではない。この場合において、当該労働者の損害額は、反証のない限り、平均賃金の二年分と推定される。

② 使用者が解雇の事前手続きを行わなかった場合も、正当事由を欠く解雇と同様に取り扱われる。」

⑦―2
「整理解雇手続きに関する規定に違反する手続きは、無効とされる。整理解雇手続きを経ていない解雇は、無効とする」

つぎに、解雇規制規定違反の法的効果については、正当理由を欠く解雇は無効とし、また、解雇の事前手続きを欠く解雇も同様とした（規定例⑦―1、⑦―2参照）。ただし、労働者の選択で損害賠償請求も可能とする。この場合、損害賠償額の決定が問題となるが、とくに反証のない限り、損害賠償額の基準を賃金二年分とした[18]。

解雇予告義務の違反は、解雇予告手当ての支払いを求めることができる。

整理解雇手続き規定を遵守していない場合には、これに関連する措置を無効としており、その結果整理解雇も無効となる。

なおこの立法構想では、解雇紛争に必要なことは、民事的な紛争解決ルールの整備であるとの観点から、刑事制裁規定は置いていない。

5 紛争解決ルール・紛争解決機関

ここでは、解雇訴訟にかかわる諸規定、紛争処理機関および解雇法制の普及に関わる問題について簡単に触れたい。

(1) 解雇訴訟手続き

規定例⑧ 解雇紛争の立証責任
「使用者は、解雇の正当事由について、立証する責任を負う。

②使用者は、解雇をめぐる紛争において、解雇理由書および整理解雇手続きにおいて示した理由以外に主張を追加することができない。」

この立法構想における正当事由の規定内容からするならば、訴訟においては、使用者は、当然に解雇の正当事由についての立証責任を負うことになる。このことを確認しているのが、規定例⑧である。そして、解雇理由については、労働者に帰責事由のある解雇については、使用者が訴訟において主張できるのは、解雇理由書に記載された事実に限定する。つまり、訴訟において使用者は、追加主張ができないことになる。また、整理解雇に関しても、整理解雇手続きのなかで示した理由に限定されることとする。

(2) 解雇紛争処理機関

本来紛争処理機関の構想は、解雇紛争だけにとどまるのではなく、個別労使紛争全体に係わって構想されるべきことは言うまでもない。しかし、この立法構想が、国民に受容しやすく、迅速かつ適切な解決が可能な法制度の確立を目指していることからすると、紛争処理機関の問題についても、一応の構想を述べておく必要がある。解雇法制は、迅速な紛争解決と一体のものでなければ、その効果を十分に発揮することができないからである。

解雇紛争では、紛争のあっせんまたは調停と裁判による解決を直結させる制度構想が必要である。すなわち、イギリスや韓国のように[19]、訴訟の申立てがあった場合に、まず、独立の行政機関によるあっせん、調停が行われるようにする。そして、打切られた場合には、訴訟手続きが進行するという制度が望ましいと考える。この行政機関の構成は、公労使の三者構成が妥当であろう。

また、裁判により、解雇が無効とされた場合には、もう一度、行政機関において、職場復帰の条件等について、調整が行われるようにすることも必要である。

(3) 解雇法制の普及

規定例⑨　解雇法制の周知義務

「使用者は、労働者の採用にあたって、解雇に関する諸規定を命令で定める方法により、当該労働者に周知しなければならない。

②使用者は、労働者を解雇しようとする場合において、第○条に定める事前の面談の通知の際に、解雇に関する諸規定を命令で定める方法により、当該労働者に周知しなければならない。」

この立法構想では、国民による法の受容という点を重視している。この点では、労働者自身が解雇法制を明確に知ることを可能とする制度的工夫を考案したい（規定例⑨参照）。さしあたり、採用にあたって、使用者に労働条件だけでなく、解雇法制を労働者に周知する義務を課することおよび解雇手続きの開始にあたっては、もう一度使用者に労働者に対して解雇法制を周知する義務を課することが考えられよう。具体的には、面談の呼び出し状に解雇法制の概要を添付することを義務付けることが適当だろう。

リスト（ガイドライン）例

解雇規制を立法化しても、その内容が抽象的であることは免れない。そこで、国民にとって、わかりやすく、利用しやすい法とするために、解雇の正当事由にかかわる判断基準をできる限り具体化して示すために作成したのが、このリストである。このようなリストは、行政のガイドラインともなろうが、主眼は、国民ないし労使が解雇問題を考えるときに、これを参考にすれば、ある程度、正当事由ということの具体的内容がわかるようにするということである。もとよりこのリストは、完成された案というものではなく、一応のイメージを示しているにとどまる。

・解雇理由が示されていないとされる場合

①　解雇理由書において労働者を解雇する原因となった事実が具体的に特定されていない。

②　解雇理由書において具体的な事実がなぜ特定の解雇事由に該当するかが明確に示されていない。

・解雇が正当と判断されるとき

(1)　労働者の労働能力の喪失・低下

①　労働者の身体的・精神的状態のために、医学的な見地から、労働契約に定められた職務内容の遂行が長期にわたり不可能となった場合

◆労働者の病気が治癒して、従前の職務には復帰できないが、当該労働者の労働契約内容を考慮して、会社に当該労働者が担当できる職務があり、これに当該労働者を配置することができる場合には、解雇することはできない。

②　使用者の適切な指導または教育にかかわらず、労働者が労働契約において予定された職務を遂行する能力を喪失したとき

◆この場合には、労働者の労働契約によって定められた職務内容が明確であることが前提となる。

(2)　労働者の勤務態度

①　使用者の警告にもかかわらず、無断欠勤が常習化し、改善の見込みがない。

②　使用者の警告にもかかわらず、職務の遂行上、取引先、顧客または同僚とのトラブルが頻発するなど、勤務態度不良の状態が継続している。

③　使用者の適切な指導または教育にもかかわらず、自己の勤務態度を改めようとせず、勤務成績が悪い状態が継続し、改善の見込みがない。

④　正当な理由なく、使用者の業務命令に従わない。

(3)　労働者の非違行為

（企業内）

①　職場において、横領、窃盗などの行為があったとき

②　職務上の秘密などを外部に漏洩したとき

③　職場において、暴行などの重大な事件を起こしたとき

④　重大なセクシュアルハラスメントの加害者であったとき

⑤　職務にかかわる重要な経歴詐称のあったとき

⑥　その他重大な規律違反のあったとき

（私生活）

私生活上の行為は、労働契約関係を離れた問題であるので、解雇理由とされることは例外的な事情である。

①　私生活上の行為により、業務に重大な影響を与えるか、会社の名誉・信用を著しく汚したとき。

②　労働者の犯した犯罪が重大であり、就労させることが適当でないと判断されるとき

・整理解雇事由

(1)　経済的、技術的もしくは構造的理由

①　経営不振が継続し、雇用調整が必要となったとき

②　特定部門または特定業務について、経営上の採算がとれないため、または経営方針の転換により、それらを廃止するため、雇用調整が必要になったとき

③ 企業の競争力を強化するなど合理的な経営戦略に基づいて，雇用調整が必要なとき
④ 技術的な変化により，当該労働者が職務に適応できなくなったとき

(2) 解雇以外の雇用調整手段例

整理解雇の正当事由として，「解雇以外の手段によっては，当該雇用調整が実現できない」ことを要する。解雇以外の雇用調整手段とは，具体的には，当該労使が当該企業の置かれた具体的状況の中で検討すべきであるが，一般的に以下のような手段が考えられる。

> 時間外労働の削減，休日増あるいは労働時間短縮（ワークシェアリング），新規採用停止，配転・出向・転籍，一時休業，労働条件の変更，希望退職募集など

（1） 最近，解雇権濫用法理および解雇の立法規制をめぐっては，労働法学者だけではなく経済学者も論争に参加している。この点で，『「雇用をめぐる法と経済」研究報告書』日本労働研究機構（二〇〇一年）の第一章「雇用保障」は，解雇規制に関する法律学と経済学との共通性と異質性を知ることのできる貴重な成果である。

（2） 筆者は，「解雇をめぐる立法論の課題」労働法律旬報一一九一号（一九八八年）一二頁において，簡単に立法論を論じたことがある。いちいち指示はしないが，本稿の立法論は，これと大幅に異なっていることをお断りしておく。

（3） 整理解雇に関する最近の東京地裁の一連の裁判例を契機とする議論については，和田肇「整理解雇法理の見直しは必要か」季刊労働法一九六号（二〇〇一年）一二頁，西谷敏「整理解雇法理の再構築」季刊労働者の権利二三八号（二〇〇一年）五八頁，盛誠吾「整理解雇法理の意義と限界」労働法律旬報一四九七号（二〇〇一年）六頁などを参照。

（4） 例えば，解雇紛争における司法的解決では，当該解雇が無効とされても，職場復帰後の賃金，労働条件，配置などの問題が解決するわけではない。この点については，高田正昭「労使関係の変化と労働法制への影響」中央労働時報九三八号一一頁以下参照。

（5） Clyde W. SUMMERS, *Worker Dislocation: Who Bears The Burden? A Comparative Study of Social Values in Five Countries*, 70 Notre Dame L. Rev. 1033(1995) は、この視点からアメリカ、イギリス、ドイツ、スウェーデン、日本の解雇法制を比較検討しており、示唆に富む。

（6） この点については、土田道夫「解雇権濫用法理の法的正当性」日本労働研究雑誌四九一号（二〇〇一年）四頁参照。筆者自身の解雇権濫用法理に関する評価については、「雇用保障―法律学の立場から」ＪＩＬフォーラム『法と経済の視点は何が違うのか』（二〇〇一・三・一六）において明らかにしている。

（7） この場合、日本の雇用慣行に依拠することなく、解雇に正当理由を要することを明らかにする作業が前提となることは言うまでない。この点については、さしあたり本誌の本久洋一論文、土田・前掲論文（注6）等参照。

（8） ＯＥＣＤの公表した研究を見ても、国際的にも、解雇法制と失業に負の関係があることが実証されているわけではない。OECD, EMPLOYMENT OUTLOOK（June 1999）, pp. 49-132.

（9） この点では、北川善太郎「消費者契約法と近未来の法モデル」民商法雑誌一二三巻四・五号（二〇〇一年）四六八頁が提起する「法受容問題」に示唆を受けた。

（10） この点では、水町勇一郎「法の『手続化』」法学（東北大学）六五巻一号（二〇〇一年）一頁、同『労働社会の変容と再生』（有斐閣、二〇〇一年）二六一頁以下が示唆に富む。

（11） 解雇規制の立法構想は、これまでにさまざまな立場から公表されており、本稿は、紙数の都合から逐一指示してはいないが、それぞれから有益な示唆を受けている。

（12） 解雇禁止事由に雇用形態を加えたのは、これまでの判例法理が非正規従業員をバッファーとする雇用慣行を承認してきたという負の側面を、解雇規制の立法化にあたって解消すべきと考えたからである。例えば、整理解雇において、合理的理由なしにパートタイム労働者の解雇を優先するというのは、この解雇禁止事由に抵触することになる。

（13） 李『解雇紛争解決の法理』（信山社、二〇〇〇年）二五〇～二五一頁参照。

（14） ＯＥＣＤ諸国については、前掲書（注8）参照、また、李・前掲書（注13）は、イギリス、フランス、ドイツ、韓国の制度を詳細に紹介している。

（15） この点については、例えば諏訪康雄「『整理解雇』をめぐる法的問題について」中央労働時報九五六号（一九九九年）六頁参照。

(16) リストに具体的事例を書き込む場合には、それが硬直的に機能することのないように配慮する必要がある。その意味で、本稿のリスト例(後掲)は、その試みの一つであるが、なお改善する余地が大きいと考えている。
(17) なお、労働組合が団体交渉でこの問題を取り上げる場合には、団体交渉と労使協議との関係という微妙な問題をはらむが、労働組合の団体交渉権を侵害しない仕組みを考えていく必要がある。
(18) その根拠については、本誌の小宮文人論文を参照。
(19) 李・前掲書(注13)一一〇頁以下および二五八頁以下参照。

(しまだ　よういち)

解雇法制の論議について——経済研究者の感想

玄田有史
（東京大学助教授）

一　法学と経済学のミゾ

解雇権について議論する際、最初に確認させていただきたい点があります。それは、経済学者がすべて「解雇の自由化こそ望ましい」と考えているわけではない、ということです。少なくとも、私はそう考えていますし、必ずしもそれが少数意見ではないという確信もあります。

しかしながら、実際には、経済がすべて市場主義で、市場に任せておけばよいと考えているかのような誤解がなされているのも、やはり事実です。ではなぜ、そう思われるのか。そこには、必ずしも市場万能主義を標榜しなかったとしても、やはり経済学の共通の考え方があるのだと思います。

そんな経済学の考え方、すなわち解雇を積極的に推進していると思われがちとなる背景には、一つは解雇防止が雇用調整コストを高め、結果的に若年や非正規等を中心に失業を増大させるという懸念です。そのような懸念に対して、解雇規制の厳しい国ほど失業問題が生じているわけではないようだ、少なくともそのような実証分析が経済学にもないようだと、今回のご報告でも指摘されていました。

しかしながら、直接、解雇権のあり方を問うものではないにせよ、現在でも日本の大企業の雇用調整が、定年退職による自然減とならんで、新規採用の抑制を中心に実施されているのは事実でしょう。解雇規制を緩めれば、雇用が創出されるという説得的な実証研究はありませんが、過剰になった中高年の雇用維持（少なくともその一部は解雇制約による）が、若年に対する求人意欲を削いでいるという実証結果は、あるのです。(1)

もう一つ、解雇について経済学に特有の考えだと、私が感じるのは、解雇権とは雇用契約の「出口の問題」ではなく、むしろ「入り口の問題」だという点です。同じ解雇であっても、そのための事前的な合意があるのと、ないのとでは話しが全く違う。問題は、採用時もしくはその後の雇用契約のあり方であって、そこで合意があれば、結果的に解雇が生じることは問題ではないと、経済学では基本的に考える。むしろ、状況によって解雇があり得ることを事前に合意しているにもかかわらず、事後的に同情的な解釈によって解雇が事後的に制約されることは、資源配分を大きく歪めてしまう。だからこそ、解雇は雇用契約の入り口の問題なのです。これから有期雇用や派遣労働が拡大していけば、雇用調整のコストが小さくなる分、採用は拡大し、同時に採用時点での柔軟な雇用契約によって、既存社員の高コスト構造は改善できると考えるのです。

ただその一方、経済学が解雇権を議論する際、率直に反省すべき点がいくつもあります。なかでも、国際的にみても低い日本の解雇率が主として解雇規制によってもたらされているものであり、それが労働市場の流動化を阻害しているという解釈を、暗黙のうちに多くの経済研究者が当然のこととして認めている点です。

しかしそもそも、本当に解雇が乏しいのか（法律上の解雇ではない人員調整をどう考えるのか）、解雇が少ないのは法律の制約のせいなのか（経済学で頻繁に登場する企業特殊熟練との比較）、そして何より「流動化」ということの意味です。なかでも、私は、少なくとも学術的な論議のなかでは、「流動化」という用語を安易に用いることを経済学者は慎むべきだと考えています。流動化には、個人の自発的な転職も、会社の倒産も、早期退職もすべて含まれている。それをひとくくりに考えることは、かえって議論を混乱させることが多いからです。

もう一つ、今回の報告をうかがっていて反省すべき点だと感じたことがあります。それは経済学のモデルのほとんどが、「解雇権」という権利が、当然、使用者側にあるというところからスタートしている。しかし、本久論文にしても、小宮論文にしても、「解雇権」そのものがどのようなケースで発生し得るかが、労働法学上の重要な争点となっている。率直にいって、そのような議論は、経済学の枠組みではほとんどなされてこなかったように思います。

二　法学と経済学の接点

このように法学と経済学には、確かに視点の違いがあります。以前、経済学はノーマルな（平均的な）事例ばかりを念頭に置きすぎる、一方で法学は実際に裁判沙汰になるような、ときに特殊なケースに目が向きがちだという指摘をきいて、なるほどと思いました。

しかしそうはいっても、実際には共通の認識が、ここ数年、急速に高まっているようにも感じます。[2] そのせいもあってか、最初にお話したとおり、「解雇が簡単にできるようにさえすればいいんだ」といった単純な意見が、経済学者の間でも、必ずしも圧倒的意見ではなくなっているのだと思います。

むしろ「解雇をもっとやりやすくするルールや制度は、場合によっては（「情報の不完全性」のもとでは）、むしろつくらない方が望ましい場合がある」という認識もあります。中馬（宏之）さんや常木（淳）さんの解雇権濫用法理についての論文などは、解雇を制限することが、経済全体の資源配分上、結果的に望ましい場合があることを指摘しています。[3] このようなスタンスは、基本的に法律学と経済学で、それほど違いはないのでしょう。

その上で、解雇権についての問題の本質は、法理の不透明性・不確定性であるという認識は、きわめて共通でしょう。島田報告のなかの、解雇権は「あるようでない、ないようである」といった表現は、実に巧いと思いました。そのときに柔軟性を維持した上で、予測可能性を高める「わかりやすい」適切な立法化の必要性というのは、裁量よりもルールを重視する経済学の考え方とも共通している（もちろん、異常な状況などではルールよりも裁量的な判断が重要な場合は、経済学のなかにもあります）。

そのなかで、個別紛争処理のシステムをどう確立するか、そのための知恵も共通の課題でしょう。経済環境がめまぐるしく変わり、そのなかで労働者個人が担う雇用リスクも増えている。そこでは、整理解雇と個別解雇の明確な区分を含めた、個別紛争の解決は一層重要になると、根本報告をうかがっていて感じました。

また経済学では雇用関係の清算についても、一定の金銭的補償がなされるのであれば、企業にも離職者にとっても望ましい場合も出てくる。このような意見は「経済学は何でもカネで解決させようとする」と、批判されます。しかし、それは基本的に数量調整よりも価格調整の方が、資源配分上、望ましいという経済学の考え方から来ている。その意味でも、小宮報告でなされているような、損害賠償契約の可能性は、きわめて重要な問題提起であり、提案であると私は感じました。

三　個別の論点

このような認識のなかで、各ご報告の論文およびレジュメを読ませていただき、私自身の理解不足に拠るところも多いかと思いますが、感じたところを率直にお話しさせていただきます。誤解だったり、本論とかけ離れているかもしれませんが、どうかご容赦ください。

まず、本久報告について。この場合、事業原理として、組織改編型の解雇の可能性はどうなるのか。つまり、成長のための解雇は認められるのか。また解雇の「慎重さ」および「過酷さ」を判断基準にすることの是非について。そうなれば、一般に若年に比べてより「過酷な」中高年への解雇は回避すべきという結論になるのか否か。

小宮報告に関して。辞職と合意解約の区別についての困難性をどうするのか。この場合、重要になるのは「解雇」の定義になる。そのとき、準解雇、擬制解雇といった概念が、離職後のセーフティ・ネットの議論と、どのように関連してくるのか。実際に離職、失業した理由として、「自発」、「非自発」といった境界があいまいになっている。一方で、実際の政策は、雇用保険給付期間を典型に、離職理由を重視する方向へ進んでいる。この点について、解雇の定義を細分化することが、一定の貢献をなし得るのではないか。

解雇に対する損害賠償法理確立の重要性は、先に述べたとおりです。転職に伴う賃金の下落分を損害として補償する契約は、経済学的でいう「パレート効率的」資源配分を実現することになる。これは、経済理論ときわめて合致している。それは小宮論文にあるような、米国の逸失利益の計算に近い。そう考えると、現在、日本の人員整理で現実のものとなっている、早期退職優遇についての退職金の上乗せが、これと実質的に同一の役割を果たしているのではないのか。

根本報告について。普通解雇についての要件化および判断枠組の解明は、「最後的原則の手段」と「将来予測の原則」といった客観的で合理的な理由を求めるものです。それは、経済学はノーマルばかりを念頭に置きすぎる、一方で法学は特殊事例に目が向きがちという区分に、新しい視点を提供しているように思う。ただそのなかで、「総合判断」や「苛酷に失するの判断基準」を具体的にどのようなものを念頭に置いているのか。

島田報告。立法の必要性の根拠として、訴訟をあきらめている労働者のリスクを軽減するといった観点は、経済学的にもきわめて納得できる。ただ、立法化した上で、なおかつ柔軟性を担保化する具体策とは、一体、どのようなものを想定されているのか。解雇の代替措置といった観点から、再就職支援措置を含めた労働市場関連ビジネスの評価についても、是非とも島田さんのご意見をきいてみたい。

四　全体を通じて

最後に、うかがった解雇法制に関する四つの報告を通じて、今後一層、法学と経済学の間で議論が深まるべき、と感じた三点を述べて、コメントを閉じさせていただきます。

第一に、報告のなかで比較的頻繁に登場したように思う、解雇のなかの「公序良俗」、「社会通念」、「使用者による実質的な支配」、「総合判断」といった概念を、経済学者は法学者と、どのように会話していけるのか。私は、経済学者が「効率性」ばかりに目を向け、「(社会的)公正性」に対して無関心であったとは、考えていません。ただし、同じ公正についての議論の中身も、アプローチも、そしてその前提も、雇用問題をめぐる法学と経済学の違いが未だ十分に詰められていないように感じます。

第二に、法学であれ、経済学であれ、解雇における人選の合理性、正規と非正規とのバランスは、結局のところ、個々の労働者の能力や処遇が適性に評価されているか否かといった問題に帰着するように思います。しかしながら、「能力評価」の問題、もっといえば、働く能力とは何なのかといった根源的な問題については、経済学、法学ともに、一般論に終始している印象があります。この点の議論を深めるには、法学と経済学だけでなく、人的資源管理論など、さらなる学際的融合が必要でしょう。

第三に、現在の解雇に関する議論が、事態の展開スピードの早さについていっていないという課題です。近年拡大しつつある、いわゆる「大量リストラ」についても、マスコミ的には「クビキリ」であり、「解雇」なのですが、大企業における大規模人員整理による離職は、その大部分が「早期退職」や「希望退職」によるものであって文字通りの解雇ではありません。つまりは、解雇法制をどうすべきかといった議論を半歩も一歩もリードして、実際の雇用調整は大規模に進みつつある。そのなかで離職後に、送り出し企業からの出向、斡旋、もしくはその委託による再就職支援会社の支援を受けて、転職を実現できた中高年もいます。しかし一方で、送り出し企業の関与が全く得られず、すべて個人の自助努力によってのみ転職活動をし、結果的に就職が実現しない人々も多数いる。

私自身は、リストラされた中高年に対する政策や制度としては、抽象的な表現をお許しいただけるとすれば、離職者を決して「孤独な状態」に追い込まないことが、もっとも重要だと考えています(4)。もしその考えが妥当であれば、それが解雇権濫用法理はどのように関与してくるべきなのか。企業に雇用維持のための責任が徐々に弱まるにしても、一方でリストラをせざるを得なくなった場合の送り出し企業として転職者への支援責任といった観点が、解雇のあり方に密接に関与してくる。ただ、この点について、それがどのような責任であるべきか、明確な基準を私たちは未だ持ち合わせていない。

人員整理のなかで殺到する早期退職への募集、再就職支援事業の成長、年齢差別の撤廃、企業横断的な能力開発指標の作成に向けた取組みなど、労働市場は急速に変わりつつあります。そのなかで解雇ルール化の是非を超えて、雇用調整そのものが一歩も、二歩も先に進んでいる。このときに、解雇法制の議論のスピードをどう対応させていけばいいのか。

解雇ルールの議論について、経済学は実に「せっかち」です。反面、法学はやや「のんびり」しているようにも思えます。このスピードのミゾをどう調整していくのかが、これからの解雇権のあり方についての国民的論議のなかでは、案外、重要になるのではないか、と感じました。

（1）　拙稿（二〇〇一）「結局、若者の仕事がなくなった」、『日米比較　企業行動と労働市場』、橘木俊詔・デビッド＝ワイズ（編）、日本経済新聞社。

（2）その一例として、日本労働研究機構（二〇〇一）『雇用をめぐる法と経済』研究報告書等。

（3）中馬宏之（一九九八）「『解雇権濫用法理』の経済分析―雇用契約理論の視点から」、『会社法の経済学』、三輪芳朗・神田秀樹・柳川範之（編）、東京大学出版会、常木淳（二〇〇一）「不完備契約理論と解雇規制法理」、『日本労働研究雑誌』四九一号一八―三三頁。

（4）拙稿（二〇〇二）「リストラ中高年の「孤独な転職」」、『世界』二〇〇二年一月号。

（げんだ　ゆうじ）

□シンポジウムの記録□

解雇法制の再検討

浜村彰（司会＝法政大学）　それでは、「解雇法制の再検討」に関するシンポジウムをはじめたいと思います。本日は、四名の会員により、①解雇制限の法規範的根拠（本久会員）、②解雇権濫用の判断基準（根本会員）、③雇用終了における労働者保護の再検討（小宮会員）、④解雇規制をめぐる立法論の課題（島田会員）という四本の報告をしていただきました。ただ、冒頭の本報告の趣旨のところでもお話ししましたように、今日の解雇についての議論は労働法学会だけではなく、経済学や労使関係論の分野でも活発な議論がなされています。そこで、シンポジウムを始める前に、議論の口火を切っていただく意味も込めまして、学習院大学の玄田先生から、本日の報告のコメントをいただきたいと思います。労働経済学の領域から、本日の報告あるいは労働法学会での議論の仕方などにつきまして、疑問や問題提起などご自由にコメントをしていただきたいと思います。

（玄田有史氏には、当日のコメントを原稿にしていただき、それが本誌一〇五頁以下に掲載されている。そこで、当日のコメントそのものの掲載は、編集委員会の判断で割愛した。）

浜村（司会＝法政大学）　どうもありがとうございました。非常に有益で刺激的なお話をいただきました。報告者の皆さんから、玄田先生のコメントに対して反論したいとか、あるいは会場からもご質問の希望があるかと思いますが、時間の関係もありますので、玄田先生のお話を参考にしましてシンポジウムを進めていきたいと思います。

一　解雇制限の規範的根拠

今日の報告につきまして多数の質問が寄せられておりますが、まず最初に、本久会員の報告について、二つのグループに分けて議論したいと思います。その一つは、本久報告にありました解雇制限の法規範的再構成につきまして、憲法規範との関係でいったいそういった構成が妥当なのかという質問と、二つ目は、民法六二七条の解釈にかかわる質問でございます。

最初の問題につき和田会員と小早川会員から質問が出されています。和田会員からは、本久会員の報告につきまして、「従来の正当事由説との違いをまず説明してください。憲法規範が解雇制限という私法秩序に及ぼす影響についてもう少し説明してください」との質問が寄せられています。九州大学・大学院の小早川会員からは「解雇制限の理念として憲法上の生存権・労働権を挙げていますが、これは裁判上の制限規範として通用するのか。裁判所がこれらの権利を根拠として解雇無効と判決することまで可能なのか」という質問です。

●従来の正当事由説との異同

本久洋一（小樽商科大） ご質問どうもありがとうございました。従来の正当事由説との違いが一つで、もう一つが憲法規範の解釈の仕方、この二つに分けてお答えしたいと思います。

まず、従来の正当事由説との異同ですけれども、まず一つは正当事由の範囲を経済的解雇に限っていないということです。一般的な解雇制限法理として立てていることが一つです。それからもう一つは、形式的な正当事由説を採っているということです。つまり、解雇権濫用法理がいわば実質的な意味での正当事由構成であるとすれば、本日の報告は形式的な正当事由説を採っているということです。

さらに、形式的正当事由説といっても、発生要件のレベルと、行使要件のレベルを分けているところが今までの形式的正当事由説とは違うところだと思います。

分けることの実益については、実は本日の報告の4の部分で具体的な細かい解釈問題について縷々ご説明申し上げたのですけれども、一般的に言えばこういうことです。

例えば、解雇権濫用法理は実質的な正当事由構成を採用しているのですけれども、その中には、二つの異なる規範が含まれているのではないか。一つは権利を根拠付けるという意味での事実あるいは要件、もう一つは、権利の妨げとなる、あるいは障害となる事実、要件という二つのレベルが含まれているのではないか。

そこで私は、解雇権濫用法理の中に含まれている客観的・合理的理由のレベルと社会的相当性のレベルを分けまして、客観的・合理的理由のレベルに限って、解雇権の権利範囲の問題だ、権利が発生するしないの問題として発生要件と構成したところが、今までの形式的正当事由説と違うところです。

●憲法規範の解雇規制に関する意義

それでは、続けて2番目ですけれども、憲法規範がどのような意味で解雇制限規範を構成するのかというご質問です。

まず、憲法を直接的な根拠として、つまり形式的な根拠として解雇が無効になったりということは私はないと思っております。では、どういう意味があるかというと、例えば裁判官が契約を解釈したり、あるいは一般条項を解釈適用したりする場合において、参照されるべき理念や原則として意味を持つのではないのかということです。

ではなぜ裁判官は憲法上の理念、原則を参照しなくてはいけないのかが次に問題になるのですけれども、一つはいわゆる論理解釈ということです。労働法上の諸規定や契約規範もそれ自体として独立して存在しているわけではなく、憲法を頂点とする法秩序の一環としての意義もまた持っているということです。そこで、法秩序全体から見て整合的な解釈でなくてはいけないというのが一つの説明。だから、解釈基準として憲法、あるいは労働法の基本原則を参照すべきだというのが一つの筋です。

もう一つの筋はドイツの最近の議論の影響を受けているのですが、裁判官の憲法遵守義務も考えられると思います。憲法典上、裁判官は憲法を守らなければいけないという規定があります。具体的には七六条三項、それから九九条にその旨の規定があります。この規定の趣旨にかんがみて、裁判とはまさに公権力行使にほかならないわけですから、契約の解釈や一般条項の解釈においても裁判官は、憲法規範と矛盾した判断を行うことは許されないのではないか、ということです。

浜村（司会＝法政大学）　それでは、次の二つ目のグループの質問ですが、宮島会員と金綱会員から質問が寄せられております。まず、宮島会員から「憲法二二条、民法六二七条、六二八条、六二九条、六三〇条の解釈に疑問である」。特に本久会員がレジュメの最後に載せた図について、「特に行使要件と発生要件の位置付けについて説明していただきたい」という趣旨の質問が出されています。

宮島尚史（弁護士）　単独行為としての解雇につき、「濫用（説）」ではなく、これと性質の異なる「正当事由説」を早くから主張して来た当方として、ご報告にそった形で以下四点をおうかがいしたい。

第一点は、憲法二二条を解雇権基礎法理とされた（本日配布レジュメ二〔2〕）が、私見によれば、同条は憲法一八条と共に自然人（個人）の基本権であって、法人（企業）などに準用不向きなもの（私見は憲法第3章の法人への準用については前面否定）と思います。ご報告が解雇についてどうしても「法人の基本権」なるものを引き合いに出したいのであれば、その基本権はむしろ憲法二九条の方が適切ではないか。第二点は、民法六二七条につき「立法者意思不明確」とされた（本日配布レジュメ一〔1〕）が、同条の手本とされたドイツ民法典第一草案や理由書のみか、当時の日本の法典調査会の意見でも明確です（ちなみにドイツ民法典の解雇関連諸条項は、古くは解雇制限法により、新しくはドイツ統一後の約一〇年間に、旧東独社会主義労働法典やEU体制などを考慮しつつ大幅に改正された）。もっとも日本民法六二七条には、雇用期間（の有無）と賃金支払（単位）期間との立法技術上の不整合・不手際・混乱が見られるが。第三点としては、解雇関連法源としては、民法には六二八、六二九、六三一条、そして損害賠償として六二八、六三一条、さらに「保護・福祉諸立法」があるが、ご報告におけるこれらの位置（付け）はどうなるか。第四点としては、本日配布「図説」に示されたところの、発生要件と行使要件の二者の関連における法的実効性ならびにその解雇制限の解釈と諸立法（「保護」ないし「福祉」）との関係はどうなるのか。

本久（小樽商科大）　ご質問どうもありがとうございます。実は、第一次解雇権論争という話を始めに申し上げたのですけれども、宮島先生はまさにその主人公でいらっしゃったわけで、感慨無量であります。それでは、ご質問にお答えさせていただきたいと思います。

まず、憲法二二条一項の意義ですけれども、職業選択の自由ととらえればまさに個人の自由を定めたもの。しかし、現在の考え方は規範内容が二つ新たに挿入されてきておりまして、一つは契約の自由の根拠という意義。今までは処分の自由というところに求められていたのですけれども、現在では契約の自由は、憲法一三条の「個の尊重」であるとか、憲法二二条一項の「職業選択の自由」というところに基礎付ける学者が多いように感じます。つまり、解雇権の制限の規範的根拠を考えるに当たって、契約の自由、その実質的根拠を考える必要がある。そこで現在の学説等もにらんで憲法二二条一項を持ち出したということです。

報告では言わなかったのですけれども、憲法二二条一項にはもう一つ規範内容があると最近考えられておりまして、それは、競争秩序を設定するという機能です。単に経済法によって、公法的規制によって実現されるものではなくて、公序あるいは契約の解釈等を通じて競争秩序を実現していくという考え方が現在の私法学において見られるところであります。

私はそのような観点から、やはり私法規範においても、あるいは解雇の問題についても、憲法二二条一項は参照するに足るのではないかと考えたという点です。それから、先生が「法人の人権は尊重する必要がない」と。私も全くそのように考えております。

●解雇規制と民法規定

もう一点。「民法について参照する必要はなかったのではないか」ということだったのですが、大変鋭いご質問だと思います。ご質問を私なりに解釈すれば、「期間設定の意味を君はいったいどう考えているのか」というご趣旨と承りました。解雇は期間の定めのない契約の一方的解約である。そこで期間設定のある契約との対照も非常に必要になってくるわけです。その点について考慮が足りなかった。まさにその通りだと思います。

それから、宮島会員の質問にかかわって、民法六二七条一項の強行性について金綱会員からご質問をいただいているのですけれども、この点については私が今日の報告の1の部分で述べた通りです。強行法規か任意規定かというと、実は民法の基本書には「強行法規」と書いてあるわけです。例えば鳩山先生の「日本債権法各論」、あるいは我妻先生の「民法講義」に堂々と

「強行法規」と書いてあるのですが、私は反対です。なぜかというと、例えば最近の民法の教科書やコメンタールをめくってみても、六二七条一項は強行法規かというと、そこら辺は実はかなりぼやかして書いてあるのです。なぜかというと、彼らから見れば、やはり民法六二七条一項は強行法規であるとすれば、濫用法理の発達は説明がつかないことにあると思うのです。

もし民法六二七条一項が人身の自由を基礎とする強行法規であるとすると、例えば就業規則条項における制限であるとか、あるいは濫用法理による規制をあまり考えられないのです。

従って、私の報告は、先程の玄田先生のご発言ではありませんが、まさに「スピードが遅い」ものです。民法典施行後一〇〇年を経ているですから、新たに現在の見地から労働契約について合理的な基準を形成すべきではないかというものなので。

二　解雇事由の類型と解雇権濫用の判断基準

浜村（司会＝法政大学）　ついでに金綱会員から出された質問にもお答えいただきました。それでは続きまして、根本会員の報告について質疑応答を行います。宮島会員からの質問は三つありまして、そのひとつは、「労基法二〇条や民法六二八条の即時解雇及び退職金の運命はどうなるのか」。それから「非違行為理由と解雇禁止法上の違反理由、組合、信条、性別などの差別の並存の場合はどう考えるのか」。三つ目は「職務能力不足という場合、職務を使用者が一方的に変更したとすれば、この場合はどう判断されるのか」というご質問であります。

●解雇事由の競合

根本到（神戸商船大）　申し訳ありませんが、第一番目の質問はまだ少し理解できない点があるので、宮島先生からご質問いただいた三つの問いのうち、まず二つ目の質問から答えたいと思います。私は、報告のなかでは、解雇理由が並存している場合だけを問題にしましたが、たしかに宮島先生がご指摘になったように、非違行為などの解雇理由と、組合差別の疑いのある場合など、解雇の有効性を否定する事由が競合する場合が考えられます。この点につきましては、すでに従来の判例や学説でも問題にされてきましたが、解雇禁止事由の存否と解雇事由の存否はまったく次元の異なる問題であると考えていますので、解雇禁止事由が存する場合には、解雇事由の存否にかかわらず、解雇は無効となるべきだと考えています。

つぎに三番目の質問でありますが、たしかに重要な論点であるにもかかわらず、報告のなかで十分論じなかった点であります。

●職務能力不足を理由とする解雇の場合

この点につきましては、ドイツでは、職務能力の評価基準を一方的に変更することになった契機が経営上の事情に関係している場合、経営上の理由による解雇として問題にしておりますが、私は、ドイツの議論は参考に値するものだと考えています。すなわち、日本ではこれまであまり十分な議論がなされていませんが、職務能力の不足を導いた第一次的な原因や事情が経営上のものである場合には、整理解雇に準じて、経営上の必要性などの基準を審査する必要性があるのではないかということです。

ただし、こうした点を論じる前提条件として、周知のように、日本では、整理解雇の概念設定の仕方自体に議論がありますので、整理解雇の概念や整理解雇法理の射程を確認しておくことが不可避の課題です。ドイツなどにおける経営上の理由による解雇と日本の整理解雇とにどのような相違があるかを見極めることがまず必要となると思われます。

宮島先生の質問の意図を十分理解して答えることができているかわかりませんが、二つめの質問と三つめ質問に対する回答は以上です。

●「即時解雇」の意味

浜村（司会＝法政大学）　宮島会員、ひとつめの質問の趣旨をお願いします。

宮島（弁護士）　非違行為による解雇と解雇など禁止（各種の差別禁止）条項違反の解雇とが併存した場合の当方の質問②に関してのご説明にも当方としては、若干の疑問が残るが、労働者の職務を使用者が形成権行使まがいの一方的命令として職場を含めて変更したことによって、変更された新職務と新職場について労働者の「職務能力不足」が生じやすいが、これがストレートに解雇理由にされてよいものかという質問③についてのご説明、さらには質問②とこの③とのからみ合いについてのご説明には、まだ多くの疑問が残ります（みなし・圧力・擬似・偽装などの解雇の場合にはなおさら）が、質問①にうつらせてもらいます。質問①について補足しますと、次のようなことです。ドイツ法や日本における一般的用語と異なって、報告者がもしも懲戒解雇を含む即時解雇をも、普通解雇に含めてお考えになっている（民法六二八条および労基法二〇条一項但書関係）とすると、それらは退職（一時・企業年）金の減免（中退金のそれを含む）や雇用保険法所定の失業給付の遅延支給、ひいては企業年金新二法の運用にも連動するところの、広義の賃金問題になるが、この種の解雇を、普通解雇として、他の職務不適格などの解雇といっしょにしてかんがえることが果たして妥当だろうか。

根本（神戸商船大）　例えば労基法で即時解雇が問題になっているので、こうした他の解雇概念が、私が本日報告しました非違行為による解雇とどういう関係があるのかということですね。たしかに、即時解雇の事由は、本日報告した典型的な三つの解雇事由のうち、非違行為に基づく解雇と一致する部分が多いと思われます。しかし、もう少し、それぞれの条文や個々の約定の趣旨や目的を十分検討してみないと答えられない問題であり、それぞれの解雇概念の相違は改めてよく考えてみたいと思います。

●解雇事由の類型化の基準

浜村（司会＝法政大学）　根本会員についてもう一つ質問がありあます。大阪市立大学・大学院の細谷会員からの質問ですけれども、「類型の違いによって判断枠組みが異なるが、これは類型の区別を大まかにとらえるものとして理解してよいか。例えば、非違行為による解雇の場合にも配転の可能性を審査する必要があるのではないか。顧客への態度の悪い場合や協調性を欠く場合が職務能力の喪失の場合に分類されているが、これはむしろ非違行為による解雇の場合に分類されるのではないか。類型の区別の基準としてはどのようなものを考えられているのか」というものです。

根本（神戸商船大）　典型的な二つの普通解雇事由に線引きをしようと思えば、たしかにその識別基準は重要な問題で、細谷会員が指摘されたようなことを考える必要がでてくると思われます。この点につきましては、ドイツの議論状況なども参考にしますと、例えば、職務能力の問題か、あるいは非違行為の問題かといったように、単純に問題になっている解雇事由の性質を基準とする方法と、前者を傷病などのように労働者が統御不可能な事由に限定し、後者を本来労働者自身が統御可能の事由とするといった基準で、労働者自身の統御可能性の有無を基準とする方法がありうると思われます。

私は、今日の報告におきましては、この問題につきまして、日本では解雇制限法がありませんので、そもそも解雇事由を区別する意義や正当性があるかを問題にしたわけですが、結論的には二つの普通解雇事由の間で、解雇回避努力の審査や将来予測の原則に基づく審査に関して相違が生じる点に区別する実益があると結論しました。例えば、後者であれば、労働者が統御不能な事由でありませんので、是正警告などが解雇回避努力としてとくに問題になるうえ、その警告を発したあとに労働者自身に改善の見込みがあるかが問題になるということです。したがって、職務能力や非違行為といった特徴的な契機が取り上げられることが多いわけですが、基本的には、労働者自身が統御不可能な事由で特に責めのない事情で職務能力を喪失・低下した場合は前者に、統御可能な事由であるにもかかわらず労働者自身の責めで職務能力を喪失・低下している場合には後者の非違行為に含めて問題にすべきだと考えています。

しかし、細谷会員が指摘されるように、協調性の欠如とか顧客への態度の問題など、解雇事由を区別しようと思えば、たしかに具体的なあてはめの難しい問題がありますので、普通解雇事由の識別基準についてはもう少しよく考えてみたいと思います。

三　解雇規制の規範的根拠を「何」に求めるか

浜村（司会＝法政大学）　よろしいでしょうか。本久会員と根本会員による報告は，従来の解雇制限法理を踏まえたうえで，規範的なもしくはその規範等を前提とした応用理論として普通解雇を素材に挙げて理論的な検討作業を加えたわけであります。

最近，解雇法理論の検討につきまして，日本労働研究雑誌で特集を組んでおりまして，労働経済学者と交じりまして，労働法学者の中では土田会員と藤原会員がそれぞれ解雇の一般理論と整理解雇について論文を執筆なさっております。私たちも随分参考にさせていただきました。このおふた方の会員の理論作業と現在の質疑応答を踏まえまして，今日は獨協大学の土田会員から，ご意見なりご感想などをお願いしたいと思います。

土田道夫（獨協大学）　特に本久会員への意見になると思います。本久会員のご報告は，解雇規制の規範的根拠をきちんと明らかにされたものだと思います。私も，そのアプローチには賛成です。

本久会員の場合には，憲法を重視されて，とりわけ人格権という点に着目されたわけです。私もその点は有意義と思いますが，それだけでは少し不十分で，労働契約の継続的性格を考える必要があるのではないかと思います。

その理由ですが，先程の玄田さんのコメントとも関連するかもしれませんが，解雇規制を考える際に，二つの側面を考える必要があるのではないか。一つは雇用政策という側面で，もう一つは法規範としての解雇規制という側面です。この二つの側面はいったいどう関連するのかが一つの課題になるように思います。その場合の労働法学の一つの固有な役割は，法規範の面から考えたときに，雇用政策としての解雇規制に対して譲れない一線があるのかないのかという点を考えることにあると思うのです。私自身は，譲れない一線はあると考えていて，それが解雇規制の規範的根拠ということだろうと思います。

では，解雇規制の規範的根拠とは何か。その場合に，人格的利益や人格権だけでは弱いと思う一つの理由はこういうことです。「人格的従属性」という言葉も出てきますけれども，解雇規制がないと人格的に従属してしまうとか，労働条件交渉の面で不利なポジションに立たされるということは，現在の状況ではそう言えるでしょうが，雇用政策の展開によっては，そう言い切れない状況も出てくるのではないでしょうか。

つまり，雇用政策が変化して，雇用流動化政策がうまくいったとします。その場合には，労働者がもし労働条件に不満があれば辞職すればいいわけで，転職のセーフティネットなりサポートがあれば、次の企業に移ればよいだけのことになります。そうすると、人格権の侵害には直結しない。私は、人格権だけでは、解雇規制の規範的根拠としては少し弱いし、経済合理性にも欠けるという気がします。

私はむしろ、労働契約の継続的性格を考える必要があると思います。これは、民法では東京大学の内田貴先生が言われている「継続性原理」と関連しますが、継続的契約の解消規制という規範が労働契約を含む継続的契約に内在する法規範だと考えれば、解雇規制を正当化する規範的根拠となるのではないかと考えています。つまり、労働契約の継続的性格を重視するということは、契約の継続それ自体を望ましいと考える規範を選択するということですから、これは雇用政策に左右されない規範的価値となり、解雇規制の規範的根拠となると思うのです。また、労働契約の継続的性格を規範的根拠と考えるということは、企業における長期的人材育成・能力養成にも祝するという点で経済合理性もあると思います。これらの点は、また学会誌に執筆される際に検討していただければと思います。

もう一点加えますと、では、従来の解雇規制は雇用政策に対してすべて譲れないのかいうと、譲れる点はあると思います。たとえば、解雇無効の処理から損害賠償処理への転換ということです。労働法学がそれを認めるのであれば、やはりそこも規範的に正当化する根拠を提出する必要があると思います。私自身は、この点は、労働者本人が損害賠償の処理を望めばいい、つまり本人の自己決定が規範的根拠となるだろうと考えています。以上です。

浜村（司会＝法政大学） ありがとうございました。実は、今、土田会員がおっしゃったいくつかの点は、私たちの研究会でもけっこう議論いたしました。本久会員どうですか。

本久（小樽商科大） ご質問どうもありがとうございました。人格権だけでは不十分ではないかということです。実は先程「憲法規範はどう参照するのか」という質問が集中していたのですけれども、基本的な考え方は、人格権といっても理念というレベルにとどまるのだということです。その場合の人格という考え方もかなり広く考えるというのが基本です。

「では、媒介項はないのではないか」というのですが、あるつもりなのです。レジュメで言えばどの部分で述べたつもりかといいますと、大きな三の「解雇制限の構成」とあって、これは解雇権の濫用法理を評価したうえで、自分なりの構成を提示するという仕組みになっております。自分なりの構成を提示したつもりである部分が3の「解雇権は客観的・合理的理由がなければ発生しない」という所で、以下縷々述べているのです。

実は土田先生の「継続性原理」は大変参照しました。本日の報告の「使用者の信義則上の義務」という部分について私なりに参照したつもりであります。つまり、使用者は事業活動を行うえで継続的かつ組織的に労働者を利用している。そこから当然に生ずるところの義務というのはあるのではないのか。いわばそれは契約内在的な解雇制限規範と言えるのではないかということを述べたつもりです。以上です。

浜村（司会＝法政大学） すみません、時間が限られておりまして、あとお一方に限らせていただきます。和田会員どうぞ。

和田肇（名古屋大学） 今、土田さんが問題提起をしたこととも少し関係するのですが、私は土田さんの意見と本久さんの意見はと違うと思いました。土田さんのは、「解雇権濫用法理はどのように正当化できるか」という論理で話されていますけれども、本久さんの場合には、「解雇自体はどうして制限されるのか。どうして合理的な理由がなければ解雇はできないのか」というアプローチの仕方をしているものですから、私はその点は非常に大きな違いだと思います。

憲法の二五条や二七条を持ち出したときに、これは私人間の適用の問題もあるのですけれども、それ以上に二五条あるいは二七条の責任を国がすべて負うことは恐らくできないだろう。それから、私企業もすべて負うことはできないだろう。そうするとやはり両者の関係の中でこの問題をとらえていかざるを得ないのではないか。これは時代の流れの中でも変わってきます。恐らくセーフティーネットとの関係でも変わってくると思います。本当はその関係がどうなるかということをもう少し聞かせていただきたかったというのが本音ですけれども、論文を書かれるときにぜひ言及していただければ結構です。

浜村（司会＝法政大学） ありがとうございます。それでは、ここで本久会員と根本会員の報告についての質疑応答を終えます。それでは、司会を代わります。

四　雇用終了における労働者保護

石田眞（司会＝早稲田大学） それでは、次に小宮会員の報告について議論を行いたいと思います。小宮会員のご報告は、雇用終了という広い観点から労働者保護の問題を考えて、その中に解雇の問題も位置付けるというご報告だったと思います。ご質問は、大きく分けて、三つのジャンルがあります。一つは、解雇の概念にかかわる領域。第二は、違法な解雇の効果にかかわる領域。そして第三は、本日のご報告の中で重視されました損害賠償による救済にかかわる領域です。以上のようにご質問を再整理をしたうえで、順次ご議論いただければと思います。

まず、最初の解雇の概念にかかわる領域ですが、一つは九州大学の野田会員からご質問が出ております。その内容を紹介させていただきます。「小宮会員の報告は、擬制解雇に解雇権濫用法理や労基法二〇条を適用することを意味しますか。だとすれば無効になるのはだれのどのような法律行為ですか」というのが一つ。「その場合に解雇の意思表示はいつの時点でなされたことになるのですか」というのがもう一つです。

第二は、少し違った角度からでありますけれども、都立大学の浅倉会員から、「客観的に合理的な理由のない解雇は、違法であれば当然無効になるのではないでしょうか。これが有効でも不法行為に基づく損害賠償ができるということと、無効だが損害賠償請求も可とすることは大きく異なるように思います。その点、どのように考えておられるのか」という質問が出ております。

時間の関係で第二の領域のご質問として紹介をさせていただきますが、三つめの質問は名古屋大学の和田会員からのものでありまして、「解雇と退職の場合で損害賠償請求の根拠が違うのはどうしてですか」という質問です。小宮会員から、それぞれのご質問にお答えいただいて、それに対してさらにご意見がありましたらご発言をいただければと思います。

●解雇の概念

小宮文人（北海学園大学） まず、野田会員のご質問からお答えしたいと思います。擬制解雇につきましては、私は使用者の意図を要件としております。つまりここでは使用者が知っているということを前提にしています。レジュメの参考の所に書きました事例等で私が考えていたのは、度重なる降格や業務上違法な配転を前提としたことでございますので、どのような行為ということに関しますと、今述べましたような業務命令を一応念頭に置いていたとお答えしたいと思います。

「解雇の意思表示はいつの時点でなされたか」ということについては、とりあえず私が今考えているのは、労働者が辞めざるを得なくなったと考えられる、ここで言うと法律行為です。その時点を解雇の時点と考えたいと思います。

石田（司会＝早稲田大学） 今、野田会員のお顔を見たら、さらに議論なさりたそうでしたので（笑い）。小宮会員の答えへの応答も含めて、ご発言いただければと思います。

野田進（九州大学） 小宮先生のご報告は、これまでの擬制解雇について書かれたものから少し説を進められたと理解しております。これまでは、報告レジュメの「擬制解雇と準解雇の違い」という所で言われましたように、小宮先生は損害賠償の根拠としての擬制解雇ということを述べられまして、準解雇の成立要件についてもレジュメに書いておられるようなことをこれまでも書かれておられたわけです。

ところが今日お聞きしますと、更に進んでそれが解雇の成立要件ということも言われますので、恐らく準解雇についても無効法理を適用するような法的な解釈の武器として考えておられるとお見受けしたわけです。そうしますと、解雇権濫用法理の適用、あるいは労基法二〇条の適用ということも考えられるのではないのかということに恐らくなりそうです。

そうしますと、解雇権濫用法理によって解雇を無効とするときに、例えば使用者の種々の事実行為としての嫌がらせなど、追い出し意思の具現化された行為によって辞職願を出したという場合に、辞職願を出すという行為は法律行為でしょうから、それは無効というのはいいのですけれども、そうではなく全体として使用者の嫌がらせ行為が無効だとするならば何をもって無効とするのか。というのは、嫌がらせ行為は事実行為でしょうから、損害賠償ならいざ知らず、解雇権濫用法理を適用するときに、それはいったいどのようになるのか。

もっと言うならば、例えば使用者のAという行為に対して労働者のBという行為が生じたときに、Aの行為の理由に別の法人格の法律行為Bを無効とする場合には、これまで民法の意思表示の欠缺（けんけつ）のような何らかの理論が用いられたわけで、そういうものを度外視したうえでどういう説明をされるのかということです。

もう一つは、とりわけ労基法二〇条を適用するならば、理論的には解雇予告期間の開始日があるはずでして、それはどの行為によって解雇を擬制したことになるかによって変わってくるわけです。その辺のところをお伺いしたかったという趣旨でございます。

小宮（北海学園大学） 私はお答えするのに少しミスをしたようです。先程私が言ったのは黙示的な解雇の場合と混乱したようで、準解雇のほうは、要するに労働者が退職の意思表示をしたという時点と考えています。先程のは撤回します。間違えた回答です。ですから、図にも「退職のとき」というふうに書いてありますが、「退職の表示をしたとき」という意味に理解をしていただきたい。

野田（九州大学） 労基法二〇条の適用に関しては？

小宮（北海学園大学） 労基法二〇条につきましては、準解雇を労基法に直接適用するのは、そもそも同条の趣旨からするとやや変だなという感じを私は持っています。しかし、このように理論的に割り切るとなれば、やはり意思表示をした時点を解雇の時点と考えて、従って、もし予告手当を請求するということになると、その時点で予告手当分の請求はできると考えたいと思います。

石田（司会＝早稲田大学） 野田会員、よろしいでしょうか。なおいろいろご議論はあり得ると思いますが、一応この問題についてはこの辺りにして、次に進ませていただきます。では小宮会員、次に浅倉会員のご質問に対するお答えをお願いします。

●違法な解雇の効果

小宮（北海学園大学） このご質問はまさに吉村事件判決が指摘した点であるというふうに思います。先程土田会員が少しご発言されたと思いますが、ただ私は、要するに、基本的に合理的な理由のない解雇についてどのような請求を行うかは労働者の選択にゆだねられるべきだという発想に立っておりますので、不法行為で損害賠償の請求をしているのにつきまして、吉村のような、「無効なので当然損害はないのだ。労務を提供する限り賃金はもらえるじゃないか」という考え方は採らない。

その理由は、無効という法理が基本的に労働者保護ということを前提に形成されたということです。労働者は解雇を背信的な行為として受け取っているということ。それから、解雇の意思表示は一方的に確定的になされたもので、その時点で労働契約が終わったのだととらえることも許されるという発想です。

石田（司会＝早稲田大学）　浅倉会員にもご意見がおありになろうかと思います。よろしくお願いします。

浅倉むつ子（東京都立大学）　レジュメのほうに「解雇は有効であっても、客観的に合理的な理由のない解雇は違法であり」という一文があるものですから、私は、客観的・合理的な理由のない解雇が違法ならばその解雇は当然無効であろうと思ったわけです。

おっしゃる趣旨は、解雇は無効だということを争わずに損害賠償で解決したいということで、そちらの意思を優先するということなのでしょうか。しかし、この一文が私としては理解できないと思ったものですから質問致しました。

小宮（北海学園大学）　少しレジュメの所では部分的な抜き出しをやっただけで、それから縮めたりしていますので、あるいは表現が不十分であったかも知れません。

石田（司会＝早稲田大学）　恐らく今の論点についてご意見ある会員もおいでになろうかと思いますが、和田会員のご質問にお答えいただいたうえで、以上三つのやり取りにつき、ご意見があればフロアから意見を出していただくということで。次に和田会員の質問についての応答を願いします。

●損害賠償請求の根拠

小宮（北海学園大学）　この問題も多分こういうことなのかなと、あとで少し補足していただければと思います。最後の部分ですが、つまり、準解雇ではなく意に反する退職の救済のところでは、退職の場合の損害賠償を債務不履行構成で行っているのです。これに対して解雇については不法行為でやっているので、両者に齟齬があるのではないかというご質問だと私は思います。この点は私も実は、この報告を行うにあたって考えたところでございます。結局、解雇のほうにつきましては、今までの判例法理で、解雇は不法行為という構成の仕方をしているのが一般的であるわけですから、そういう判例法理に乗ってこれを説明しようとしました。一方、退職については不法行為でやるのも不可能ではないと思うのですが、私が「敵対的な雇用環境」と言っているものについては、退職という労働者の意思の入った行為がなされた場合、意に反して辞めさせないという一般的な注意義務を立てるのはそう簡単ではないのではないのかという考え方があるのです。

それは不法行為のかたちでいくと，必ずしも使用者に行為者が限定される必要はない。注意義務の主体がいろいろな人であり得るというわけで，そこのところの考えをどうしたらいいのかは，私はやや決定にとまどったところなのです。

つまり，むしろ使用者は特別な契約関係に立っていて，それが自ら契約維持を阻害したという点をとらえたほうが説明が容易であると考えているのです。従って損害賠償を債務不履行で理由付けた。

解雇は，今までは判例法理上不法行為でやっているわけですが，本久報告とか根本報告の所で行われているような発想からすると，今度は逆に債務不履行的な構成のほうがむしろいいのではなかろうか，統一したほうがよろしいのではないかとも考えたわけですが，この場に至るまで決断ができませんでした。

石田（司会＝早稲田大学）　和田会員，よろしいでしょうか。実はただ今，開催校のほうから終了時刻の指示がございましたが，次の島田会員に対する膨大な質問がまだ残っております。そこで，司会のほうのやや強権的なやり方をご寛容いただければと思います。

小宮会員にはあと宮里会員，有田会員，宮島会員からそれぞれ，特に損害賠償にかかわる，あるいは逸失利益にかかわる問題でご質問が出ております。最初に宮里会員のほうから「準解雇あるいは意に反する退職の場合の損害賠償逸失利益の算定に当たり，口頭弁論終結時までに中間収入がある場合の控除はどのように考えるのか。狭義の解雇と同じようになるのか。なるとすれば，理論的な根拠はどういうものであるのか。解雇無効の場合の賃金請求とは異なるので中間収入は控除できるということになるか。あるいは，損害賠償における損益相殺として処理されるのか」というご質問です。

有田会員からは「逸失利益の算定に際して損害軽減義務のような考え方が入っている可能性があると思うのですが，この点についてはいかがお考えですか」ということです。大変恐縮ですが，宮島会員のご質問については，私の方で質問用紙を十分にフォローできません。申し訳ありませんが，ご質問の趣旨についてご発言いただければと思います。

宮島（弁護士）　まず，実に簡単な形で質問したい。それは損害賠償の項目が積極損害，消極損害（逸失利益），そして慰謝料とすると，解雇予告手当をもう一つプラスして入れるのか入れないのかということです。

石田（司会＝早稲田大学）　以上，質問が出そろいましたので，全体についてお答えいただければと思います。

●損害賠償による救済

小宮（北海学園大学）　ではまず宮里会員のほうのご質問からお答えします。この問題につきましては，私は報告で述べましたように，いわば労働者が再就職するのにどれだけの難しさがあるのかということは，実は労働者の資質や市場の問題とかいろいろな問題がかかわってくる。

そこで，私はもう端的に，そういった就職にどれだけの時間がかかるのか等々を明確にする。つまり，期間中に，例えば口頭弁論までに就職してしまったという問題があります。そういうものを勘案してやるのが公平に資するのではないだろうか，そのためには口頭弁論終結の時点が妥当であるという単純な考えでいたわけです。

しかし，考えてみれば，意に反する退職の場合はその時点，擬制解雇の場合は解雇時を前提としたほうが，そういった損益相殺を考えた場合は労働者にあるいは優位になるかなということも考えられるかと思います。

そういう意味で，どちらにするのか，どこの時点を基準時とするのかは，実はもう少し考えなければいけないと思います。この点については，かなり詰めた考察をしていないで，これは全く私の手抜きであると反省しております。

それと関連して，宮島先生の私に向けられた一つ目の回答は，多分それでお答えになっているのかと思います。つまり，私の当初の報告では，少なくとも解雇のあとで口頭弁論終結までに他の就職に就いた場合は，やはり損益相殺で処理することになるのではなかろうかということです。これについてご異論があるかと思いますが，とりあえず私としてはそういうふうに考えたということです。

従って，有田会員のほうの損害軽減義務に関するご質問についても基本的には同様の答えとなると思います。ただ，有田会員の言っておられる損害軽減義務というのは恐らくアメリカ法とかイギリス法の考え方で，頑張れば損害を軽減できる。相当の努力をすればその期間に就職ができたであろうという想定を行うことかと思いますが，今のところ，私はとりあえずそういうことは考えていません。お答えになったかどうか分かりませんが，以上で一応回答と致します。

石田（司会＝早稲田大学）　時間の関係で議論を細かくするわけにはいきませんが，今の小宮会員のお答えに対してコメントがございましたらご発言をお願いします。

宮島（弁護士）　小宮会員のご報告は，「解雇が有効であろうと無効であろうと，損害賠償はできる」という結論を出されたように思えますがそうですか。そうすると，理由らしい理由もつげられず，また法定または企業内所定の解雇予告手当も支払われず，解雇予告もないまま解雇された労働者が，予告手当請求の給付訴訟で勝訴した場合も，またこれと逆に重大帰責事由の存在や解雇の手続履践が裁判所によってみとめられて解雇自体は有効であるとされて労働者が敗訴した場合も，解雇予告手当と損害賠償請求は，民法六二八，六三一条とは別枠で裁判上みとめられる、というお考えだとすると、どの時点が遅延賠償の起算点となるのか。報告者はさらにアメリカの判例引用により逸失利益（消極損害）という将来の予定利益の損害を含むようなご報告でしたが、そうすると予告手当不払いと将来の予定利益の喪失との因果関係の立証や民法五三六条二項但書の裏の延長ともいうべき利得の扱いをどのようにお考えか。

小宮（北海学園大学）　とりあえず否定する理由はないと思います。

石田（司会＝早稲田大学）　どうもありがとうございました。これで小宮会員の報告にかかわる質疑を終了させていただきます。

五　解雇法制をめぐる立法論の課題

●立法論の射程

石田（司会＝名古屋大学）　それでは、続きまして、島田会員の報告に対する質疑に入ります。多くの質問が出ておりますので、司会者の方でそれらを論点ごとに整理をし、効率的かつ体系的にご議論いただければと思います。

最初に報告の射程にかかわるいくつかのご質問が出ております。一つは森戸会員から、「島田会員は立法論、小宮会員は解釈論と分かれていたのだけれども、小宮会員の報告で提起された準解雇とか擬制解雇などの概念が立法論にどのように反映されるのか、特に準解雇の立法論はどうなるのだろうか」というご質問です。

もう一つは名古屋大学の和田会員から、「変更解約告知について論じなかったのはどういうことか」というご質問が出ています。それぞれ報告の射程ないしは前提にかかわるご質問です。まずここから、島田会員にお答えいただければと思います。

島田陽一（早稲田大学）　森戸会員が、しびれを切らせたのかお帰りになってしまったようなので、間接的にお答えすることになりますが、おっしゃられることはごもっともとしか言いようがありません。私も、当初は周辺問題といいますか、小宮報告との関連でのみなし解雇、準解雇についてどの程度立法化できるのか、解雇の意思表示についての規制、和田会員ご指摘の変更解約告知等についても含めて検討しなければならないと考えて作業を進めてきたのですが、率直に言いまして自分なりの成熟した構想にまとめることができませんでした。今後の検討課題とさせていただきたいと思います。

和田会員のご質問にについきましても「どうしてなのか」と言われると、「そこまでできなかった」としか回答のしようがありません。やはり今後の課題とさせていただきたいと思います。関連致しまして、浅倉会員のご質問にもお答えしてよろしいですか。

●解雇禁止事由について

石田（司会＝名古屋大学）　司会のほうで少し整理します。浅倉会員のご質問は、解雇禁止事由にかかわる領域として、瀧澤会員のご質問も含めて議論していただきます。

最初の浅倉会員のご質問は、「立法案にある解雇禁止事由の雇用形態には、有期契約か無期契約かの問題が入るのでしょうか。有期契約の更新拒否を巡る問題は立法論的にこの条文で解決されるのでしょうか」というものです。

もう一つの瀧澤会員のご質問は、「障害者である労働者の解雇規制も同じように考えておられるのでしょうか。例えばドイツのようなより厳しい解雇規制などをお考えでしょうか。それから、健常者であった労働者が障害者となった場合にも同様にお考えになるのか」というものです。以上の二つの点について、島田会員からお答えをいただければと思います。

島田（早稲田大学）　障害者雇用の問題につきましては瀧澤会員がご専門ですので、ぜひお教えいただければと思います。差し当たり禁止事由の中に障害を入れたのは、リストラ等々という中でどうしても企業にゆとりがなくなってくると、いわば効率性の悪いところにしわよせがいきがちであります。障害者につきましては、障害者雇用促進法がありますが、解雇などの措置に対して特に規定がありませんので、解雇禁止事由の中に取り入れるべきだと考えました。ドイツにおける障害者に対する解雇規制との比較については、今後検討したいと思っております。ただ、障害者について、解雇規制等々との関連でどういう立法構想が必要かということについては必ずしもまだ十分に詰めていない部分ですので、お教えいただくことも含めてお願いしたいと思います。

二番目の問題は、健常者の方がどういう職務に就いている労働契約だったのかにかかわる問題だろうと思います。契約との関係で、不幸にして障害に陥って労務が提供できないということになりますと、やはりこれはどうしても職務能力という問題が出てこざるを得ないのだろうと思います。その場合の解雇は、必ずしも障害であることを理由とする差別解雇とは問題の性格が同じではないのだろうと考えております。

浅倉会員の質問につきましては、立法的に言えばストレートにということではないですが、ご存じのように、有期契約の更新拒否については現状でも解雇法理が類推適用をされますから、こういう法律ができれば、それも当然類推適用をされていくという解釈は可能だろうと考えています。

有期労働契約につきましては、私なりの立法構想を考えておりますが、今日の報告では、説明しておりません。解雇との関連では、ＩＬＯ一五八号条約も、解雇規制と並んで解雇規制を回避するために有期労働契約を利用することに対して適切な措置をとることを規定しておりますし、また、一昨年、有期契約に対する規制に関するＥＣ指令も登場しておりますので、これらを参考にしながら、今後積極的な方向で考えたいと思っております。

●解雇の手続的規制のあり方について

石田（司会＝早稲田大学） 次に、解雇の手続きにかかわっていくつかの質問が出ております。ゼンセン同盟の逢見会員から、一つは「整理解雇にかかわって、雇用調整計画段階での労働組合との協議で、労使の合意が得られなかった場合、使用者は協議手続きを尽くしたとして解雇を実施し得るのか」というご質問。もう一つは、「整理解雇対象者の選定基準の合理性等について、雇用調整計画は司法審査の対象になるのでしょうか」というご質問です。この二点からお答えいただければと思います。

島田（早稲田大学） まず前者の質問ですが、これは一応協議を前提にしておりますので、誠意を持ってきちんと協議をしなさいということで、労使の合意は前提としていないということでございます。労働組合としても、そこで合意をするかしないかで結論を迫られるよりは、協議で深めるのがこの段階では妥当だろうというのが私の考えでございます。

次に人選基準の問題につきましては、解雇理由について、裁判における主張制限の規定をおいておりますので、使用者の主張は、整理解雇の手続きにおいて述べたことに制限をされます。従って、結果的には、この段階において採用された選定基準が司法審査の対象になるということになります。

石田（司会＝早稲田大学） 次に解雇の手続きにかかわって宮里会員から解雇予告に関するご質問が出ております。宮里会員のご意見も含めた質問ということだと思いますが、「解雇予告と解雇手当の二つの方法を採り入れ、労働者が解雇手当を選択し得ることにすべきではないか。この場合の解雇手当は、解雇予告の場合と同様、勤続年数により加算をするということはどうか」というご質問でございます。ではお願いします。

島田（早稲田大学） 宮里会員に確認をしたいのですが、解雇手当というのは、いわゆる解雇予告ではなく、解雇すれば常に出る手当というご発想なのでしょうか。

宮里邦雄（弁護士） 現行法は一カ月ですけれども、勤続が長くなれば解雇補償的な意味での手当という意味で質問しております。

島田（早稲田大学） わかりました。私の考えでは、解雇予告期間を長くするというのは、予告手当の支払い額が増えていくという側面が実質的には持ってくると思いますが。

宮里（弁護士） 予告の場合は雇用が継続しています。しかし労働者からすれば、解雇を通告されてから更に予告期間中働くというのは、信頼関係から見て大変な苦痛を伴うという要素が強いと思います。その場合は労働者の側で、予告期間中働くのではなくて、予告手当を請求するというかたちで雇用関係を解消するという意味です。

島田（早稲田大学） 労働者の側から選択できないかということですね。それは考えておりませんでしたので、考えたいと思います。求職活動については自由な時間を保証するということがよく言われますので、そのことは念頭に置いたのですが、ご指摘の点はあまり考えておりませんでした。ご指摘ありがとうございます。

宮里（弁護士） 確かフランスの解雇規制法に同じような規定があったと思うのです。

島田（早稲田大学） ありがとうございます。

●解雇制限法違反の効果

石田（司会＝早稲田大学） 今の論点このあたりでよろしゅうございましょうか。次に、解雇の効果にかかわる問題領域に質疑を移したいと思います。解雇制限法違反の効果についてですが、この点については同じく宮里会員から「解雇無効の場合に現職、ないしは現職相当職への復職を求めることができることを明記すべきではないか。労働契約上の労働者の権利として就労請求権を原則として認めるという判例に照らして、復職請求を法律上明記すべきではないか」というご質問です。

島田（早稲田大学） 私は現段階の規定違反の効果としては、就労請求権との関連はなかなか難しい議論もございますので、これはむしろ調整問題だというとらえ方で制度は考えております。これはいずれが妥当かというのは私は分からないのですが、解雇無効を労働者が選ぶというのは、私の構想でいきますと、損害賠償で終わるのではなく戻りたいということなので、現実に戻るためには、恐らく会社との調整がどれだけできるかということに掛かると思います。そういう手続きの中で、解雇無効判決が出た場合に、もう一度独立の行政機関等を利用した調整を行うということを今日ご報告したわけでございます。これについてはご批判もあろうかと思いますが、私の見解はそういうことでございます。

●解雇規制立法の性格

石田（司会＝早稲田大学） 次に、周知義務については「行政も含めて周知をすべきではないか」という金綱会員のご指摘がありますが、この点は、報告者も「その通り」というお答えだと思います。

他方、宮里会員のほうから「特に労働基準法との関係で、解雇規制立法として考えられている具体的内容の中には、刑罰法規としての労働基準法に取り入れてもよいものがあると考えられるのではないだろうか」というご指摘で、解雇規制立法の全体の性格にかかわるご質問が出ております。この問題について、島田会員からご返答をお願いします。

島田（早稲田大学） 労働関係の法規で刑罰法規はどういう

効果を果たし得るのか。恐らく刑罰をもってでも禁止しなければならない領域と、政策的に刑罰を科するのが意味ある領域というのがあるのだろうと思います。

政策的可能性としては、例えばフランスのように、あらゆることに広く刑罰を掛けて、しかも労働監督官の役割を非常に強化するというスタイルもあろうかと思いますが、現状の日本で必要なのは、労働基準法を中心とする行政取締法規的な発想ではなくて、労働契約の紛争解決ルールを整備するということにあると考えております。刑罰を付けることによる適用の硬直性ということもありますので、私の立法構想の中では、刑罰をはずして考えたわけです。解雇規制については、刑罰を付けたとしても、必ずしもそのことによって実効性が高まるということはあまりないのではないのだろうかと思っております。

それでは従来の労働基準法の中にある規制、例えば解雇予告に関する刑事罰というのはどうなるのかという大議論に発展するのですが、そこについても今後どう考えていくのかについて、もう少し検討させていただきたいと思います。

●解雇規制をめぐる雇用政策と法規範

石田（司会＝早稲田大学）　解雇規制法の考え方という全体的な問題に立ち戻ってきた感があります。この点、土田会員から手が挙がっておりますので、ご発言いただきたいと思います。

土田（獨協大学）　先ほどの私の意見を十分に理解していただけなかったようなので、もう一度別の角度から言い直しますが、要するに、玄田さんのコメントのような経済学的視点を含めて、雇用政策という観点からも解雇規制のあり方を検討していただきたいということなのです。解雇規制という場合に、雇用政策と法規範という二つの側面がある。規範的根拠という点で労働者の人格権保護が挙げられたけれども、それで規範的根拠が尽くされたとは思えないし、経済合理性を欠く可能性があるのではないか。私の意見は、労働契約の継続的性格ということを考えれば、それは解雇規制の規範的根拠となると同時に、長期的な人材育成とう点でも経済合理性もあり、雇用政策としても妥当といえるのではないか、ということです。

石田（司会＝早稲田大学）　もはや時間の限界に来ておりますが、最後に宮島会員のご質問を紹介し、島田会員にお答えいただいて、終わりにしたいと思います。宮島会員のご質問の第一は、「裁判規範と区別したところの行為規範なるものの実効性確保の手段は何か」、第二は、「解雇を規制し雇用（身分）を確保することに勝利をえても、職務の原状回復と就労自体の確保の実効性の確保手段は何か」という点です。

島田（早稲田大学）　第一のご質問につきまして、私は、「法の受容」の問題と考えております。この点では、ともかくも、解雇規制の立法内容をどれだけ、国民に浸透させていくのか、とくに当事者である労使の知るところにするのかということが一番重要と考えております。この点で、従来のように法律の普及は、法律自体の仕組みの問題ではないという発想から、法律の仕組み自体にその普及ということを内在化する必要があると思います。まだ、十分に成熟した構想ではありませんが、労働契約の締結時に、解雇法制の説明を行うことおよび解雇手続きにあたり、解雇法制を周知することを使用者に義務付けるというのは、その初歩的な規定と考えています。

第二の点は、報告の準備の過程では、十分に詰めておりませんでした。その意味では、私の立法構想の射程範囲を超える問題という気がいたします。ご教授いただければ幸いです。

なお、今日は玄田先生から大変有益なご指摘をいただきました。特に、玄田先生がおっしゃったアフターケアはこれから本当に考えていかなければならない問題と受け止めております。今日私は、解雇のリスクについて労使と社会における新しい均衡点を探るという観点から報告しましたが、実際には、社会のところはあまりお話しできませんでした。玄田先生の重要な問題提起は、今後ぜひ検討させていただきたいと思います。また、最後に、報告者を代表して、玄田先生にお礼を申し上げたいと思います。

石田（司会＝早稲田大学）　長時間、熱心なご議論ありがとうございました。これもちまして、シンポジウムを終了させていただきます。

〈回顧と展望〉

「公務員制度改革大綱」の閣議決定

個別労働関係紛争の解決の促進に関する法律

募集・採用時における年齢制限緩和の努力義務

確定拠出年金法と労働法上の問題

「公務員制度改革大綱」の閣議決定

川田琢之
（東海大学講師）

一　はじめに

二〇〇一年一二月二五日に、わが国公務員法制の制度創設期以来最大の抜本的改正を目指した法案準備作業の枠組みを示す「公務員制度改革大綱」（以下「大綱」と表記する）が閣議決定された。(1)

「大綱」は、第一義的には一般行政に従事する国家公務員に関するものであるが、同時に地方公務員制度を含めた公務員制度全般をも視野に収めている。(2)したがって、「大綱」およびこれに基づいて今後進められる制度改正作業は、四〇〇万人余りに上る国家・地方公務員の勤務条件等に多大な影響を与えるものといえる。また、「大綱」には、公務員の勤務条件や、各府省庁の人事管理権者と位置付けられる大臣等の権限等について、従来の制度を大きく修正しようとしている点が少なからず存在する。このため、こうした修正が現実のものとなる場合には、これに対応して公務員側の勤務条件等に関する権利・利益を適切に保護するための新たな理論的枠組みの構築が要請されるといえる。

以上のような実際上、理論上の重要性に鑑みるとき、「大綱」閣議決定による政治的責任の明確化を契機として公務員制度改正実現の蓋然性が高まる一方で、具体的な制度改正のあり方に関しては多分に議論の余地を残すこの時期に、学界において公務員制度改革を巡る立法論、解釈論を深めることには多大な意義があるといえよう。

二　「大綱」閣議決定に至る経緯

今回の「大綱」閣議決定は、一九九〇年代、とりわけその後半期以降の重要な政策課題である行政改革の一環としての公務員制度改革における重要な中間到達点と位置付けられる。そこで、「大綱」の具体的内容に立ち入る前に、こうした流れの中で、「大綱」閣議決定に至る経緯を簡単に整理しておこう。

一九九〇年代以降の行政改革の動きは、行政改革会議の設置（一九九六年）以降活発化したといえる。そこでの改革課題は行政の諸制度に広汎に及び、周知の通り、二〇〇一年一月以降の中央省庁再編・独立行政法人制度導入など、いくつかの重要な点において制度改正を既に実現しているが、公務員制度改革についても、行政改革会議や、一九九七年に設置された公務員制度調査会等の場において審議対象とされてきた(3)。二〇〇〇年四月に施行された国家公務員倫理法に代表されるように、これらの審議に対応した形で公務員制度の中の局所的な領域における制度改正が既に実現している点も少なくない(4)。

このような公務員制度改革の動きは、「内閣機能の強化」、「総合性、機動性を備えた行政の実現」、「事後監視型社会への移行」などのキーワードを掲げ、公務員制度改革については、各府省における任命権者である大臣等の人事管理機能を強化する方向性を打ち出した二〇〇〇年一二月の「行政改革大綱」閣議決定を一つの転回点とし、これを受けた二〇〇一年一月の行政改革推進事務局の設置(5)以降は、もっぱら同事務局を主体として、二〇〇一年三月の「公務員制度改革の大枠」、同年六月の「公務員制度改革の基本設計」という二段階の中間取りまとめを経て、「大綱」の閣議決定に至った。

三　「大綱」の構成および「大綱」に基づく改革の基本的方向性

「大綱」は、大きく分けると、序文および、「Ⅰ　政府全体としての適切な人事・組織マネジメントの実現」、「Ⅱ　新たな公務員制度の概要」、「Ⅲ　改革に向けた今後の取組み」の三つの章から構成されている。

このうち、いわば総論部分に該当するのが、序文および「Ⅰ　政府全体としての適切な人事・組織マネジメントの実現」である。ここでは、公務員制度改革が必要とされる背景、改革の基本的方向性等に言及しているが、「行政改革大綱」以前の審議会等の報告・答申と比較すると、「行政改革大綱」に沿う形で内閣や各府省の主務大臣が組織管理・人事管理において従来以上の主体性を発揮し得る方向での改革を志向している点(「大綱」Ⅰ1)に特徴がある。こうした考え方に従って、「大綱」は、新たな公務員制度においては、制度の骨格部分を法律で明確化することを前提に、各主任大臣等を、自らの責任と判断で所掌する行政組織の人事・組織の設計、運用を能動的・主体的に行う「人事管理権者」として制度上明確に位置付けるものとしている。内閣についても、人事行政に関する企画立案機能を強化する方向性を打ち出している。これに対し、人事院の役割は、予め定められた明確な基準の下での事後チェックが中心になると位置付けられている(以上「大綱」Ⅰ2)。

総論部分で目に付く点としてはこの他、公務員制度調査会答申等で挙げられていた、雇用環境の変化に応じた公務員制度改革の必要性という視点が、表現上見られない点を指摘できる(6)。

四 「大綱」における具体的な制度改革

前述のような総論的考え方の下、「大綱」は主として「Ⅱ新たな公務員制度の概要」において、具体的な制度改革のあり方を呈示している。以下、公務員の勤務条件面に関連の深い点を中心に[7]その内容を概観する。

1 能力等級制度の導入

「大綱」が呈示する制度改革の中で、公務員の勤務条件面にもっとも大きな影響を与えうると思われるのは、公務員の人事管理の根幹をなす新たな制度として「能力等級制度」の導入をうたっている点である。

能力等級制度とは、「官職」中心の人事管理を制度上の建前とする現行制度に代わるものとして、「職務（官職）を通じて現に発揮している職務遂行能力に応じて職員を等級に格付ける」（「大綱」Ⅱ1⑴①、傍点は筆者）という、職能資格制度に近い制度であり、新たな任用、給与、評価制度の根幹に位置付けられる。

具体的には、組織段階（本府省、地方支分局など、複数の段階を設ける）ごとに、典型的な職制段階（課長・企画官、課長補佐、係長、係員等）に対応する複数の基本職位を定め、各基本職位における代表職務を遂行する上で必要とされる能力を基準として、基本職位に対応する能力等級を設ける。こうした能力等級は、府省共通の能力等級表という形で作成されるが、各府省の実情に応じて能力基準の内容の追加等を可能とする。人事管理権者は、現等級における職務遂行能力発揮度が優れている者に対し、上位等級で求められる職務遂行能力の発揮に対する期待度を考慮して昇格を行い、職務遂行能力の発揮が十分でない者に対しては、明確な基準と手続に基づいて降格を行う。こうした能力等級制度の運用においては、官職の格付けや級別定数等が人事院による規制に広汎に服している現状を改める形で、人事管理権者の判断をより尊重する方向性が志向されている[8]（以上「大綱」Ⅱ1⑴②）。

2 能力等級制度の下での人事管理の諸制度

能力等級制度の導入に対応する形で、「大綱」においては、任用、給与、評価の諸制度についても、人事管理権者の権限を尊重すると共に、能力主義を徹底する方向での改革が志向されている。

任用制度においては、人事管理権者の裁量判断に基づく昇任・降任決定を、原則的任用形態として正面から認める。すなわち、人事管理権者は当該府省の職務を能力等級に対応する基本職位に分類し、こうした職務分類の下での昇任・降任を、能力評価の結果、職員の適性等を総合的に考慮して行う。昇任・降任は原則的には昇格・降格と同時に行われるが、適材が欠如している場合等においては、職位と能力等級の不一致も一定範囲内で許容される（以上「大綱」Ⅱ１(2)）。

給与制度については、職務給原則に基づく現行制度を、能力等級制度に対応する形で、能力給である基本給と、職責手当（役職手当に相当）、業績手当（賞与に相当）を中核とする制度に改める。このうち基本給と業績手当は、定額部分と、基本給における加算部分、業績手当における変動部分という、それぞれ能力評価、業績評価によって決定される部分で構成する（以上「大綱」Ⅱ１(3)）。

以上のような能力等級制度とその下での諸制度を適切に運用するための評価制度としては、現行勤務評定制度に代わるものとして、能力評価と業績評価からなる新たな評価制度を導入することとし、このうち業績評価においては目標管理制度を導入する。また、評価の公正性・納得性確保の手段として、各府省において、複数評価者による評価、評価者訓練、評価のフィードバック、評価に関する苦情処理等、評価手続に関する制度を整備する（以上「大綱」Ⅱ１(4)）。

3　長期的な人事管理の制度

能力等級制度を中核とした人事管理制度の一環として、「大綱」は、官職中心主義の現行制度の下では必ずしも前面に出てこなかった、職員の長期勤続を前提とした長期的な人材の育成・活用に関する制度の整備にも触れている。能力等級制度自体も、長期的な職員の能力育成・活用を行う人事管理のための制度という側面を有しているが、[9]「大綱」は更に、より直接的な制度として、長期的な人材育成の制度の整備および公務員制度内部における公募性の活用に言及している。

このうち長期的な人材育成については、人事管理権者は、育成段階ごとの育成目標、予定される研修、代表的な人員配置等を示す人材育成コース（原則として本省庁課長補佐段階までを対象）を設定し、これを人事管理に活用することで、長期的な人材の育成を図る（「大綱」Ⅱ１(6)）。[10]

公募制の活用については、現行制度上、民間部門からの（中途）採用などの場面で活用されている公募制を公務員制度内部の配置にも活用する（「大綱」Ⅱ２(3)）。こうした公募制活用には種々の効用が期待されているが、その中の一つとして、本人の希望を生かす形で、専門職的な長期的キャリアパターンを実現することが念頭におかれているとみられる。[11]

4　上級幹部職員の人事制度

以上のような一般的な人事管理諸制度に対し、「大綱」は、各府省の上級幹部職員については、特別の人事管理制度を提示している。

具体的にはまず、いわゆる局長級以上の職員には能力等級制度を適用せず、[12]事務次官、局長、審議官等の代表的役職段階に応じた基本職位を設定した上で、人事管理権者は、上級幹部職員としての適格性に関する統一的基準、個別の職務に求められる知識・能力および行政課題等を考慮して上級幹部職員を任用する。また、これらの職員の給与制度としては、基本職位ごとの職責に対応しつつ、時局ごとの行政課題の重要度、複雑・困難度や勤務成績を加味した年俸制を導入する（以上「大綱」Ⅱ１(8)）。

また、本府省における幹部候補生職員を計画的に育成するためのしくみとして、Ⅰ種採用職員等を対象として、課長補佐の一定段階までを集中育成期間として特別な人材育成を図る制度を導入する（「大綱」Ⅱ１(7)）。

5　多様な人材の確保のための諸制度

「大綱」では更に、多様な人材の確保という観点から、採用試験、民間部門からの人材の確保、女性の活躍機会の拡大等に関する制度改正に言及している（「大綱」Ⅱ２）。(13)

採用試験については、各府省がそれぞれの行政ニーズに即した人材を確保することを可能にするという観点から、現行制度では人事院が行っている採用試験の企画立案を内閣に担当させるとともに、採用における人事管理権者の選択の幅を拡大すべく、合格者数を増加する。現行のⅠ種・Ⅱ種・Ⅲ種の採用試験区分は、キャリア制度の弊害防止に留意しつつ今後とも維持する。なお、この採用試験改革については、一般的な制度改革のスケジュール（後述）に先駆ける形で、二〇〇三年度の試験から順次実施する（以上「大綱」Ⅱ２(1)）。

民間部門からの人材確保については、一定の基準の下で民間企業の従業員がその地位を併有しつつ（任期を定めた）公務員として採用されることを可能にする法改正等を行う（「大綱」Ⅱ２(2)）。

女性の活躍機会の拡大については、男女共同参画基本法等の現行関連規定に即した人事管理の実現に各府省において努めるとともに、男女ともに仕事と家庭・地域生活を両立できるように勤務環境を改善するための制度上、人事管理上の対応を行う（「大綱」Ⅱ２(4)）。

6　再就職規制

いわゆる「天下り」問題と関連して批判の多かった退職管理に関する制度改革については、「大綱」は、退職公務員の営利企業への就職に関する人事院の承認制度を中核とする現行制度を改め、①営利企業への再就職に係る承認制度および行為規制、②特殊法人等および公益法人への再就職に係るルール、③再就職状況全般に関わる公表制度、を柱とした事前・事後の規制を通じて総合的に適正化を図る制度への転換を図るとしている。その際、特に営利企業への再就職については、人事院による承認制度を改め、再就職の承認は人事管理権者が厳格かつ明確な基準の下で行うものとしている（「大綱」Ⅱ３）。

7　公務員の労働基本権

公務員の労働基本権制限の見直しについては、「大綱」に至る検討過程で取り沙汰されたこともあったが、「大綱」は、公務員の労働基本権について、「公務の安定的・継続的な運営の確保の観点、国民生活へ与える影響の観点などを総合的に勘案し」、相応の代償措置を確保しつつ現行制度を維持することとしている（「大綱」序文）。

五　今後の展望と理論的課題

1　今後の改革スケジュール

これまで概観してきた種々の制度改革を実現するスケジュールは、「大綱」の「Ⅲ　改革に向けた今後の取組み」に示されている。それによれば、制度改革の中核となる国家公務員法の改正案については二〇〇三年（平成一五年）中に国会提出、関連法令も二〇〇五年度（平成一七年度）末までに整備し、全体として二〇〇六年度（平成一八年度）を目途に新たな制度に移行することが目標とされている（「大綱」Ⅲ1(1)）。

また、「大綱」では直接的な対象とされていない一般の行政職員以外の国家公務員および地方公務員に関する制度改正についても、それぞれの特殊性を勘案しつつ、「大綱」で示した方向性に準ずる形で検討を進めることとしている（「大綱」Ⅲ1(2)、2）。

2　今後の検討課題

最後に、「大綱」で提示された公務員制度改革において今後生じ得る理論的な検討課題を簡単に考察する。

(1)　まず、「大綱」は、相当程度包括的かつ体系的に新たな公務員制度の姿を示しているとはいえ、公務員制度改革を成就せしめる上で重要と思われるいくつかの点について、触れていないか、十分に触れていないことをなお指摘できる。

たとえば、「大綱」が目指している複線型人事管理を機能させる上では、専門職のキャリアパターンの確立が重要であると思われるが、「大綱」は、この点には十分には触れていない[14]。むしろ、能力等級制度における能力基準が職位（のみ）に対応して定められることは、（ラインの職位上昇をしない一方で高度の専門能力を生かして勤務する）専門職のキャリアパターン確立の妨げになりうるのではないかとも懸念される。

「大綱」が触れていない、あるいは十分に触れていない重要論点としてはこの他、勤務時間の柔軟化、非正規職員等の多様な勤務形態の活用、労使関係法制などが挙げられる[15]。

これらの諸論点は、今後の具体的な制度改正作業の過程で是非とも考慮されるべき点であり、学界においても、これらの点をも考慮に入れた立法論的考察を深めてゆくべきであろう。

(2)　次に、「大綱」が描く新たな公務員制度像は、①能力主義の徹底、②公務員の長期的な能力育成・活用のための制度整備、をその重要な内容として含んでいるといえる。筆者はこれらの方向性は極めて妥当と考える。しかし、これらの点、とりわけ①について、「大綱」は、十分な説得力をもって現状における問題点の改善を期待せしめる制度像を示すには至っておらず、改革の成否は今後の具体的制度改正作業に多大に依拠しているといえる。[16] ①が徹底せず、②が現状肯定的な形で過度に強調されることにより、現状をさほど変化させない「改革」に終わるのではないか、との懸念もあながち的外れではなかろう。

こうした問題との関係では特に、①の実現に不可欠な要素である能力評価制度の構築のあり方が今後の重要課題となろう。そこで、労働法学の視点からは、民間部門の労働関係を対象として既に相当程度蓄積しつつある人事評価に関する法理論（たとえば労働契約の付随義務としての公正評価義務）の精緻化を進めると共に、民間部門における法理をどこまで、あるいはどのような形で公務員制度に転用し得るかという点の検討を深めてゆく必要があろう。

(3)　最後に、「大綱」が人事管理権者の権限を強化する方向での改革を志向していることとの関係では、こうした制度の下で職員の勤務条件等に関する権利、利益を適切に保護するための法的枠組みが、解釈論・立法論の両面で検討されなければならない。

具体的な検討課題は多岐にわたると思われるが、たとえば、「公正人事管理義務」などの形で人事管理権者の権限に対する裁量統制の法的枠組みを構築する可能性、こうした裁量統制の法的枠組みの中に職員側と人事管理権者の間の個別的・集団的な交渉の経緯や合意内容を読み込む可能性、こうした交渉・合意の機能を担保するための制度的手当（たとえば交渉拒否や不誠実交渉に対する実効性のある救済制度の確立）の可能性などが検討されるべきであろう。[17] また、公務員の労働基本権に対する現行の制約を維持しつつ人事管理権者の権限を拡大することについては、憲法二八条との関係で、その限界が検討されなければならないであろう。[18]

（1）「大綱」全文は現在 http://kantei. go. jp/jp/kakugikettei/2001/1225 koumuin. html にて閲覧可能である。

（2）但し、地方公務員制度改正に関する「大綱」の記述は比較的簡素である。

（3）これらの審議の成果が公表されたものとしては、行政改革会議最終報告（一九九七年一一月）、公務員制度調査会「公務員制度改革の基本方向に関する答申」（一九九九年三月、全文はジュリ一一五八号四八頁以下）、地方公務員制度研究会報告「地方自治・新時代の地方公務員制度」（同年四月、概要はジュリ一一五八号六六頁以下）等がある。これらの報告・答申等の検討としては、ジュリ一一五八号特集「公務員制度改革」所収の各論文、高橋滋「公務員制度」ジュリ一一六一号一三六頁以下等がある。

(4) 定年退職公務員の再任用制度を拡充した国家公務員法・地方公務員法改正、「一般職の任期付職員の任用及び給与の特例に関する法律」(任期付職員法)、「国と民間企業との間の人事交流に関する法律」(官民人事交流法)の制定(いずれも一九九九年)等がこれに該当するといえよう。

(5) 二〇〇一年一月の中央省庁再編により、内閣機能強化策の一環として創設された特命担当大臣の制度(内閣府設置法九条一項)を活用し、特命担当大臣の下、内閣府に行政改革推進事務局を設置したものである。

(6) もっとも、具体的な制度改正の内容においては、後に見る能力等級制度や評価制度、上級幹部職員の年俸制等、民間部門の雇用動向を意識したとみられる施策が打ち出されており、「大綱」がこうした視点を軽視しているというわけでは、必ずしもないであろう。なお、公務員制度改革に当たって民間部門の雇用動向に注意を払うべきであることはいうまでもないとしても、その結果として公務員制度をどこまで「民間化」すべきかは、今後の一つの重要な検討課題であろう。

(7) 本稿では紙幅の都合上、組織管理、定数管理の柔軟化の促進や国家戦略スタッフの創設(「大綱」Ⅱ4)、組織目標の策定(同Ⅱ1(5))等の、人事管理よりは組織管理との関連が深い項目については記述を割愛せざるをえなかった。

(8) 具体的にはたとえば、能力等級制度における各等級の人員枠は、現行級別定数制度のように人事院の管理を受けるのではなく、予め定められた基準を踏まえて人事管理権者が人件費予算要求と合わせて内閣に要求し、国会で審議の上決定するものとされている。

(9) たとえば、能力等級制度下の昇格は、昇格前の等級における能力評価を主たる基準としており、同制度が公務員制度内部における長期的な人材の育成・活用に対応した制度として設計されていることをうかがわせる。

(10) なお、「大綱」では、こうした長期的人材育成制度以外の一般的な能力開発制度についても、留学派遣の機会拡充および留学後早期に退職した者に対する留学派遣費償還制度の整備、自己啓発のための休業制度の導入等に言及している(Ⅱ1(9))。

(11) 「大綱」の該当箇所では「エンプロイアビリティ(雇用可能性)を向上するという観点」との表現が用いられているが、他の箇所で「大綱」による制度改革においてはキャリアパスの多様化を図る旨の言及がある(Ⅱ3柱書)ことなどから考えると、具体的には専門職的人材の長期的育成・活用が念頭に置かれているとみることができる。

(12) ただし、これらの職員も依然として一般職に属し、いわゆる政治的任用制度の適用などは受けない。

(13) 「大綱」の構成上は、本文中で既に述べた公募制の活用も同一項目内に整理されている。

(14) 長期的な人材育成の制度整備や、公募制の活用への言及は専門職のキャリアパターン確立を意識したものであろうが、もう少し明確な専門職制度への言及があっても良かったように思われる。

(15) 本文中で指摘した四つの点のうち、労使関係法制以外の三点は、以前の報告・答申等では検討課題として明示されていた点であり、「大綱」はこれらの点の検討という点では以前の報告・答申から後退しているといえる。
(16) こうした評価は「大綱」全般についても妥当するといえる。
(17) 職員側の利益の反映に関しては、今後の具体的な制度構築作業それ自体の過程における職員側の意見反映の手続的あり方も重要な検討課題である。
(18) こうした観点から「大綱」の見直しが必要になるのであれば、アメリカ合衆国などにみられる「争議権なき協約締結権」を認める可能性なども検討対象になろう。

（かわた　たくゆき）

個別労働関係紛争の解決の促進に関する法律

柳澤　武
（九州大学大学院）

一　制定の背景

二〇〇一年六月二九日、「個別労働関係紛争の解決の促進に関する法律（以下「個別労働紛争解決法」という）」が第一五一回国会で成立し、同年一〇月から施行された[1]。本法の元となった法律案要綱は、労働政策審議会の個別的労使紛争処理対策部会において審議され[2]、三回にわたる集中日程の審議を経た後、早くも二〇〇一年二月二七日には「個別労働関係紛争の解決の促進に関する法律」案が国会に提出された。これには多少の修正が加えられたものの[3]、当初の法案どおり成立する運びとなった。

本法制定の背景には、単に個別紛争の増加という近年のニーズが存在するのみならず、長期間にわたる組合組織率の低下傾向といった労使紛争を取り巻く状況の変遷、あるいは官労使による三つ巴の駆け引き、といった複雑な経緯が存在する[4]。これらの背景や経緯については、紙幅の都合と、すでに詳しい紹介や分析が行われていることから[5]、本稿では、各条文と関連する施行規則・通達等から問題となりうる点を抽出し、今後の問題点と課題を示すことに主眼をおくこととする。

二　個別労働紛争解決法の概要

本法の構造は次の通りである。個別紛争の範囲を明確にした上で、まずは当事者間の自主的な解決を求め、さらに「総合労働相談コーナー」、「助言及び指導」、「紛争調整委員会によるあっせん」、という三つの方法によって処理をおこなう[6]。

1　個別労働関係紛争の範囲

本法は、対象となる「個別労働関係紛争」の範囲を、「労働条件その他労働関係に関する事項についての個々の労働者と事業主との間の紛争（労働者の募集及び採用に関する事項についての個々の求職者と事業主との間の紛争を含む）」と定義する（一条）。ここでの「募集」には、職業紹介機関を通じて行うものも該当するとされ、また類型的にも、定年、セクシャルハラスメント、会社分割に伴う労働契約の承継、育児・介護休業関係、短時間労働者、派遣労働といったあらゆる紛争が念頭におかれている（厚生労働省発地第一九二号・基発第八三二号。職発第五六八号・雇児発第六一〇号・政発第二一八号）[7]。

その上で、条文解釈上問題となりうる事例としては、まず「個々の」労働者と事業主との間の紛争に該当するかという点で、協約に基づく労働条件や賃金についての紛争が考えられる。協約が労働契約の内容となることからも、あるいは協約の解釈が個別の労働者に直接影響するという実質的な意味においても、本条の個別紛争の範囲に含まれるものと考えられる。

派遣元事業主との関係では、登録行為が本法の個別紛争に該当することとされており（厚生労働省発地第一九二号）、その他の派遣関係についても、労働者派遣事業法あるいは同法の指針に係る違反については職業安定部への割振りとなるほかは、通常の紛争と同様に取扱うとされている[8]。また、本条における「労働者」は、現に使用されている必要はなく、たとえば事業主に解雇された場合にも該当するとされているもの[9]の、各種企業年金の受給を巡る退職者と使用者の紛争までをも対象としているかは一義的に明らかではない。

このように、本条の定義する個別労働関係紛争の範囲は条文と施行通達のみからは不明な点が多く、取扱要領などによって事実上は同条の範囲を広く予定しているとはいえ、それでも解釈の余地が残されているといえよう。

2　紛争の自主的解決

本法は、個別紛争の自主解決を求める努力義務規定を定める（二条）。これは、個別労働関係紛争は、まずは当事者間の話し合いで、自主的に解決することが望ましいという理念に基づく。同条は、企業内紛争処理機関の設置による解決も視野に入れているが、手段については全く言及されておらず、具体的な施策については企業の自主性に委ねられているといえよう（厚生労働省発地第一九二号）。

3　労働局長による情報提供、相談

本法の大きな特色が、この労働局長による「労働関係に関する事項並びに労働者の募集及び採用に関する事項についての情報の提供、相談、その他の援助」（三条）であり、「総合労働相談コーナー」において行うこととされている（取扱要領等）。同コーナーは全国で約二五〇カ所に設置されているが、その多くは労働基準監督署内にあり、一部のみが主要都市ターミナル駅の周辺ビルに設置されている[10]。また、インターネットによる掲示で全国各地の所在を明らかにしており[11]、面談による相談のほか、電話相談についても受付けている。

この、あらゆる紛争についてワンストップで対応するというスローガンは——後述の課題が残されているのだが——試みとしては画期的なものである。具体的内容としては、一条で定めた個別紛争についての相談はもとより、各部署への取次ぎ、法令や各種制度に関する照会などについても適宜対応することとされている。

4　労働局長による助言又は指導

さらに、当事者が援助を求めた場合に限定されるが、労働局長は「助言又は指導」を行うことができる（四条一項）。この際、必要に応じて専門家の意見を聞くことができる（四条二項）。口頭による助言又は指導は、前掲の労働相談コーナーに配置された相談員が行うが、労働局長の助言又は指導の一環として行われるものであることから、この意味で慎重な対応が求められる。本条の助言又は指導は、旧労基法一〇五条の三が定めていた「助言又は指導」を発展させたものとなっており、個別労働紛争解決法の制定によって労基法一〇五条の三は削除されることとなった。

当事者がこの援助を求めたことに対する不利益取扱いについても、明文で禁じられている（四条三項）。この助言及び指導の対象となる個別労働関係紛争は、一条で定めるものよりも限定されたものとなっており、事業所全体にわたる制度の創設や賃金額の増加等を求める利益紛争などが除外されることになろう（厚生労働省発地第一九二号）。

5　紛争調整委員会によるあっせん

これまでの過程で紛争が解決せず、紛争当事者の双方または一方からあっせんの申請があった場合で、労働局長が当該個別労働関係紛争の解決のために必要があると認めるときは、紛争調整委員会にあっせんを行わせる（五条一項）。ここでは、募集及び採用段階の紛争が対象から外される（同条同項）。あっせんの可否の判断権者は労働局長であり、紛争調整委員会自らがあっせんの可否を判断することはない[12]。また、行政処分に該当しないため、あっせんを行わせないことを理由に不服申立を行うことはできないこととなる（厚生労働省発地第一九二号）。

この紛争調整委員会は、各都道府県に置かれ（六条）、学識経験者によって構成される（七条）。その数は各都道府県によって異なり［東京一二、愛知・大阪九、北海道・千葉・神奈川・福岡六、その他三］、事件ごとに三人のあっせん委員が指名される（一二条）。当初は三人からなるチームを予め編成する方法が念頭に置かれていたようであるが[13]、実際には事件に応じて随時三人を選ぶこととなったようである（厚生労働省発政一六八号）[14]。もっとも、委員が三人である大多数の府県の紛争調整委員会においては選択の余地が存在せず、雇用機会均等法上の調停を行うメンバーと一致してしまう[15]。しかし、均等法上の調停は、あくまで雇用機会均等法一四条の規定に基づき紛争調整委員会に委任されて行われるものであり、あっせんよりフォーマルで入念な形式で行われる別個の手続が予定されている。

あっせん案については、委員全員の一致によって作成される。あっせん打ち切り後には、当事者が民事訴訟を提起することが考えられるが、この際にはあっせん申請書提出日に訴えが提起されたものとみなされる（一六条）。

6　地方公共団体の施策等

本法の定める労働局による紛争解決システムは、各地方公共団体による施策を妨げるものではない。「地方公共団体は…個別労働関係紛争を未然に防止し、及び個別労働関係紛争の自主的な解決を促進するため…必要な施策を推進するように努める」とされ（二〇条一項）[16]、国がこれらの施策を支援するために、必要な措置を講じることを求めている（二〇条二項）。かかる施策の一手段として「地方自治法一八〇条の二の規定に基づく都道府県知事の委任を受けて地方労働委員会が行う場合」（二〇条三項）が明示されることとなった。この規定は、すでにスタートしている労働委員会による個別労働紛争処理を意識したものであり[17]、先述のように法案最終段階で修正案として押し込まれたものである。もっとも、この規定が制定されたことによっても、労働委員会による個別紛争処理が「法的根拠」を欠くことに変わりがないとする指摘もある[18]。

なお、船員職業安定法に定める船員については、都道府県労働局長ではなく地方運輸局長が主体となり、あっせんについても紛争調整委員会に代わり船員地方労働委員会が行う（二一条）。国家及び地方公務員ついては、原則として適用が除外される（二二条）。

三　問題点と今後の課題

1　募集及び採用段階をあっせんから除外

個別労働紛争解決法では、「募集及び採用」について、労働関係が生じる入り口の段階である募集及び採用を、労働者の職業生活を決定づける重要な段階であるとして、個別紛争の範囲に含まれることとした（厚生労働省発地第一九二号）。これまでは、雇用機会均等法が定める場合等のごく一部を除き、使用者側のフリーハンドであった募集及び採用段階での紛争について、明確に本法の射程範囲内とした意義は大きい。

ところが、本法五条は、採用段階での紛争をあっせんの対象から除外する。これは、雇用機会均等法においても「募集及び採用」が調停から除外されており[19]、これにならって個別労働紛争解決法も除外したのではないかと推定される。しかし、雇用機会均等法に定められているような企業名の公表（均等法二六条）といった制裁規定が存在せず、より緩やかなあっせんという方式を採用した以上、本法から募集及び採用を除外する説得性は乏しいと考えられる[20]。これは、次の複線型システムに内在する課題とも関連する。

2　複線型システムに内在する課題

すでにほとんどの論者が指摘している課題ではあるが、複線型システムに関わる問題についても若干検討したい。最大の焦点となるのは、各地方ごとに行われている労働委員会による個別紛争処理との関係であろう。三者構成という労使に信頼されやすいシステムであることが、紛争解決にとって重要な鍵となる。[21]このことによって、利益紛争を含む、より幅広い個別労働紛争を取り扱うことが可能となっている。また、紛争処理機関としての実績を積み重ねてきた労働委員会を個別紛争処理に生かすこと自体には、大きな異論はないであろう。[22]本法二〇条も定めるように、労働委員会による個別紛争処理の必要性は、本法の制定によって失われるものではない。

そして、このような労働委員会による個別紛争処理が全国的に展開するのであれば、本法が定める紛争調整委員会を、今後は「機会均等」に関わる紛争全般を取り扱う専門機関に特化する方向で発展させてゆく施策も考えられよう。[23]たとえば、募集及び採用段階での年齢差別が問題となる場合には、「調停」というリジッドな方法によるのではなく、あえて柔軟な「あっせん」という方式によるほうが、紛争解決の促進という観点からは十分に機能する可能性がある。[24]このような差別類型毎の特質という意味においても、本法が「募集及び採用」段階の差別を「あっせん」対象から除外することについて積極的な理由を見出すことができない。

3　ワンストップ・センターとしての重責

最後に、本法の目玉の一つである、「総合労働相談コーナー」のワンストップという機能が、正常に働くかという点について若干の危惧を抱いていることを指摘しておきたい。このワンストップという言葉は、極めて斬新な印象を与えるのではあるが、それが行政のセクショナリズムを超えるだけのスローガンにとどまるのであれば意義は薄い。[25]紛争類型を教科書的に振り分けるマニュアルの作成によって、縦割り行政への仕分け作業が中心となってしまうのであれば、さほど大きな役割を果たすシステムとはいえないであろう。[26]

現実的には複合的な要因による紛争が少なくないなかで、すでに検討したように、本法一条の枠内に入る紛争か否かという問題にしても、明確な判断を下すことは容易ではない。権利紛争に限定した方法論に射程を絞っても、例えば「労働実体法上の権利義務の性質・射程距離等を相当程度吟味して類型化」[27]することが考えられるが、現段階でそれだけの準備が整っているとは思えないのである。[28]それでも、総合労働相談コーナーが文字通り"one-stop center"と呼ばれるに相応しいものとなるためには、コーナー自身が解決へ向けた選択肢を示せるだけの力量を備えた上で、さらに紛争処理システム全体を見渡した的確な振り分けが必要となる。

むろん、現場には経験豊かで優秀な人材が配置されているのだろうが、次々に持ち込まれる難題に対して、①整理された正確な法情報の提供、②他の公的機関との柔軟な連携[29]、を真に実現できるか、これからの運用が試されているといえよう。

（1） 平成一三・七・一一、法律一一二号。

（2） 本法案要綱に先立ち、個別的労使紛争処理問題検討会議による報告「個別的労使紛争システムの在り方について」（二〇〇〇）が出されたが、いくつかの点でこの報告と法案要綱との断絶がみられた。このため、審議会では、特に⑴労働委員会での個別紛争処理について規定が無いこと、⑵機会均等委員会の名称が消えること、について激しい議論となった。労働政策審議会個別的労使紛争処理対策部会、審議会議事録（last modified Sep. 4, 2001）〈http://www.mhlw.go.jp/shingi/rousei.html#kobetu〉.

（3） 本法二〇条関係。

（4） これらの長大な経緯についての文献は、それこそ枚挙に暇がないが、浜村彰「個別労働関係紛争の解決と促進に関する法律」労旬一五一五号四頁（二〇〇一）、中嶋士元也「労働条件の決定・変更と紛争処理システム」『講座二一世紀の労働法』第三巻一六〇頁（有斐閣、二〇〇〇）、直井春夫、成川美恵子『労委制度ノート—新しい紛争解決システムの模索—』（総合労働研究所、一九九八）と、各引用文献を参照。

（5） 制定背景を詳細に分析したものとして、浜村・前掲論文四頁、毛塚勝利「労働紛争処理制度の改革・整備をめぐる議論の現在と今後の課題」労旬一五一三号四頁（二〇〇一）。

（6） この流れについては、労政時報三五〇五号三三頁記載のスキームが明確でわかりやすい。

（7） 以後、本文中では「厚生労働省発地第一九二号」とのみ記す。

（8） 「個別紛争解決業務取扱要領」。取扱要領の原案については、月刊社会保険労務士一〇月号二七頁に掲載されている。

（9） 取扱要領・前掲。

（10） 南から、福岡一、大阪二、愛知二、東京二、千葉一、北海道一。いずれも本稿脱稿時点。

（11） 総合労働相談コーナーの御案内（visited Jan. 9, 2002）〈http://www.mhlw.go.jp/general/seido/chihou/kaiketu/soudan.html〉.

（12） 浜村・前掲論文八頁は「あっせんという紛争処理手続きになじむ事案であるか否かは、そうした紛争解決を担う機関みずからが判断すべきであると思われる。」と、この点を批判する。

（13） 審議会記録・前掲でも、三の倍数になっているのは、このためであると説明している。さらに、取扱要領・前掲においては「あらかじめ三人からなるチームの編成を決定し……機能的な組織体制の整備に留意する」との記載がある。

（14） 同通達によれば、「事件ごとに指名する三人のあっせん委員」となっている。

（15） 山本吉人『「個別労働関係紛争の解決の促進に関する法律」の意義と課題』労判八一〇号一〇頁（二〇〇一）は、限られた人数での処理能力について、疑念を示している。

（16） この点、衆議院厚生労働委員会「個別労働関係紛争の解決の促進に関する法律案に対する付帯決議」も参照のこと。
(17) 二〇〇一年一〇月時点で、すでに一九の都道府県が行っているとのことであったが、本稿が掲載される頃には大多数の都道府県において体制が整っていることであろう。
(18) 安藤高行「個別労使紛争と労働委員会」法政研究六八巻二号二四頁。
(19) 雇用機会均等法一四条は、同法第五条の「募集及び採用」が「調停(同法一三条)」の対象とはならないことを定める。
(20) 浅倉むつ子『男女雇用平等論—イギリスと日本』(ドメス出版、一九九一)は、募集・採用について解雇や昇進・昇格といった行為との間に相対的な差異を認めることは、直罰方式によって規制する場合はやむを得ない場合があるが、反公序性に差異を求める必要はないとする。
(21) 李鋌『解雇紛争解決の法理』三〇七頁(信山社、二〇〇〇)は、解雇紛争処理システムにおける英・独・仏・韓国の共通点として、労使委員を中心とする三者ないし二者構成の仕組みをとることを示す。高田正昭「労使紛争の処理について」中央労働時報九八三号二頁(二〇〇一)は、同書を引用した上で、(個別紛争を含む)労使紛争全般における当事者の理解と納得の重要性について強調し、本法の学識経験者のみによる構成に疑問を投げかける。アメリカを含む、より詳細な各国との比較法研究については、毛塚勝利ほか『個別紛争処理システムの現状と課題』(日本労働研究機構、一九九五)。
(22) 民事調停案を推進する経団連をはじめとする使用者団体も、本法の主に労働基準監督署内で労働局がイニシアティブをとる方法よりは、労働委員会を活用した解決方法がベターであると考えているようであり、積極的な反対はおこなわない。
(23) この点、毛塚・前掲論文九頁は「本来の公序紛争(性差別、将来的には人種、年齢差別等を含む雇用差別)の処理機関に立ち返る棲み分けが求められる」と指摘しており、本稿の視点と共通する。
(24) ここでは詳しく立ち入らないが、雇用における年齢差別を禁じる連邦法(ADEA)を持つアメリカにおいて、雇用機会均等委員会(EEOC)が扱う場合でも、年齢差別の場合は他の差別類型とは救済方法が異なる。また、ADEAの管轄についても、制定当初はEEOCではなく労働長官の下にあった。
(25) 菊池高志「労働事件と司法改革」労判八〇〇号二頁(二〇〇一)も、労使関係研究会の大胆な提言と比してという文脈中においてではあるが「現実には苦情・相談を関係機関に振分ける総合窓口的ワンストップサービスの新設提言程度」との厳しい評価を下す。
(26) 審議会記録・前掲では、この趣旨について「縦割りではなくて、いわゆるワンストップでどういう問題についても相談を受けたり、あるいは情報の提供をしたり」することだと説明されていた。
(27) 中嶋・前掲論文。同論文ではさらに、「相当数の法律家が振分け作業に張り付く必要があることになる。そのようなことは現実に可能なのか」という懸念を示しているが、これは「労働相談コーナー」のワンストップ化にも該当する課題であると思われる。

（28）取扱要領・前掲。

（29）一昨年の個別的労使紛争処理問題検討会議の報告においても、「ワンストップ化に対応できるよう研修を通じてその資質の向上を図ることが必要である」とのコメントがあった。また、山本・前掲論文一〇頁も、あっせん委員を含む「すべての機関において……研修に時間と費用をかける」ことの必要性を説く。二〇〇二年一月二一日、前年一〇月から一二月までの施行状況が公表された。（visited Jan. 30, 2002）〈http://www.mhlw.go.jp/houdou/2002/01/h0121-3.html〉.

（やなぎさわ　たけし）

募集・採用時における年齢制限緩和の努力義務

大原利夫
（関東学院大学講師）

一　はじめに

「経済社会の変化に対応する円滑な再就職を促進するための雇用対策法等の一部を改正する等の法律」（平成一三年法律第三五号。同年四月二五日公布、同年一〇月一日施行。[1]以下「再就職促進法」という）が制定された。再就職促進法は、①在職中からの計画的な再就職支援、②地方公共団体と連携した地域雇用開発、③個人の主体的な能力開発、④募集・採用時の年齢制限緩和に向けた取組を促進するために、「特定不況業種等関係労働者の雇用の安定に関する特別措置法」（昭和五八年法律第三九号）を廃止し、「雇用対策法」（昭和四一年法律第一三二号）・「雇用保険法」（昭和四九年法律第一一六号）・「地域雇用開発等促進法」（昭和六二年法律第二三号）・「職業能力開発促進法」（昭和四四年法律第六四号）の一部を改正するものである。なかでも雇用対策法の改正により、募集・採用時に年齢を理由として労働者を排除しないように努める義務が事業主に課されたことは、努力義務という形ではあるものの年齢差別禁止という新たな手法を高齢者雇用の法政策に導入したという点で意義を有する。[2]

本稿は、この努力義務の具体的内容を指針（平成一三年九月一二日厚生労働省告示第二九五号。以下「指針」という）や通達（平成一三年九月一二日職発第五四三号。以下「通達」という）を含めて明らかにしたうえで、今後の課題等について若干の検討を加えるものである。

二　中高年齢者の雇用状況

完全失業率は一九九一年には二・一％であったが、二〇〇一年には過去最悪の五・〇％となった。[3]一方、有効求人倍率は一九九九年に底を打ってからは改善傾向にある。[4]にもかかわらず失業率が改善しないのは、求職者と求人の条件がずれているからである。その原因として、高度な知識・技能を有する人材を企業が求めても当該要件を満たす求職者が少ないことや、求人の年齢と求職者の年齢がかみ合っていないこと等があげられる。知識・技能に関するミスマッチは、求職者自身が自己の能力を開発することで解消することが可能であり、政府もその支援策を講じている。しかし、求人広告でよく目にするように「三五歳以下」などと募集時に年齢を制限された場合、三六歳以上の求職者にとって、なすべき手段は見あたらない。

実際、中高年齢者の雇用状況は大変厳しいものとなっている。二〇〇〇年の統計(5)によれば、二五歳未満の若年者の完全失業率は九・二％（全年齢平均四・七％）と高いものの、有効求人倍率も〇・九三倍（同平均〇・五九倍）と高く、若年者は失業も多いが求人も多いという状況にある。これに対して四五歳以上五五歳未満の完全失業率は三・二％だが、有効求人倍率は〇・三九倍と低く、特に五五歳以上の完全失業率は四・五％と悪化する一方で、有効求人倍率は〇・一二倍にまで下がってしまう。このことは家族の扶養負担を担う中高年齢者の就職が極めて厳しいことを示している。

このように中高年齢者の就職を困難にしている要因のひとつに募集・採用時の年齢制限がある。例えば二〇〇一年八月の総務省統計局「労働力調査特別調査」によると、四五歳以上の失業者があげた「仕事に就けない理由」のうち最も多かったのが「求人の年齢と自分の年齢が合わない」ということであり、特に五五歳以上では五二・九％を占めている(6)。

三　指　針

雇用対策法は一九六五年以降、労働力需給の不均衡が顕著となったため、完全雇用の達成を目指して国が積極的な雇用政策を講ずることを示した最初の法律である(7)。

今般、厳しい雇用環境に置かれている中高年齢者の再就職を促進するため雇用対策法が改正され、同法七条において「事業主は、労働者がその有する能力を有効に発揮するために必要であると認められるときは、労働者の募集及び採用について、その年齢にかかわりなく均等な機会を与えるように努めなければならない」として募集・採用時の年齢制限緩和の努力義務が規定された。同法七条に関しては、厚生労働大臣が指針を定めるとされており（同法一二条）、これを受けて前記の指針(8)が定められている。

この指針は、年齢制限緩和の努力義務に関して事業主が適切に対処できるように、必要な事項を明らかにするとともに、事業主が労働者の募集・採用に当たって講ずべき措置を定めたものである。その措置とは次の二つである。すなわち、一定の場合を除き、労働者の年齢を理由として募集・採用の対象から当該労働者を排除しないように努めることと、職務の内容、労働者の適性など、労働者が応募するに当たり必要とされる事項をできるかぎり明示するように努めることの二つである。

1 例　外

指針は事業主に対して、募集・採用時に年齢を理由に労働者を排除しないように求める一方で、雇用慣行との調和を考慮して、年齢制限を行うことができる例外を認めている。その例外として指針は一〇の場合を示している。事業主が行おうとする募集・採用がこの一〇の場合のいずれかに該当し、かつ、事業主がその旨を職業紹介機関、求職者等に説明したときに年齢制限が例外的に認められる。以下では、紙幅が限られていることもあり、三つの例外を取り上げて検討を加える。(9)

(1) 定　年

定年年齢又は継続雇用の最高雇用年齢と、労働者がその有する能力を有効に発揮するために必要とされる期間又は当該業務に係る職業能力を形成するために必要とされる期間とを考慮して、特定の年齢以下の労働者を対象として募集・採用を行う場合である。

定年年齢又は定年後の継続雇用の最高年齢から逆算して、雇入れ後の勤続可能年数が明らかとなるが、労働者が採用後に自己の能力を十分に発揮できるように、募集・採用時に上限年齢を設定することが認められている。例えば、未経験者が業務を遂行するためには少なくとも三年の経験を積む必要がある場合に、定年年齢である六〇歳から三年を引いた五七歳を募集・採用時の上限年齢とする場合などである。

通達は、「能力を有効に発揮するために必要とされる期間」、「職業能力を形成するために必要とされる期間」の長さは、募集・採用に係る業務の内容等により社会通念を踏まえ個別に判断されるとする。しかし、「能力を有効に発揮するために必要とされる期間」という概念は著しく不明確であり、中高年齢者の就業機会を不当に奪う危険性が高いので、撤廃または改正すべきである。

(2) 就業規則

就業規則が年齢を主要な要素として賃金額を定めているため、募集・採用時に提示した賃金額を年齢にかかわりなく採用者に支払うためには当該就業規則の変更が必要となる場合であって、かつ、その就業規則の変更によって既に働いている労働者の賃金額も変わってしまうため、特定の年齢以下の労働者を対象として募集・採用を行う場合である。

例えば、就業規則で三〇歳の労働者は賃金三〇万円、四〇歳は四〇万円、五〇歳は五〇万円というように賃金制度を定めている企業が、年齢にかかわりなく三〇万円で労働者を中途採用しようとするとき、四〇歳の求職者を三〇万円で採用すると就業規則違反となることから、その解決のためには当該就業規則の改正をしなければならず、結果として他の労働者の賃金を変更する必要がある場合などである。

この例外は年功賃金制を考慮したものであるが、しかし、前記の例でいえば、募集・採用する際に、三〇歳は三〇万円、四〇歳は四〇万円などと年齢に応じた賃金額を提示すれば四〇歳の求職者を採用しても就業規則を改正する必要はない。事業主が三〇万円の賃金額に固執するならば、固執することに対して合理性を問うべきであり、無条件に認めるべきではない。

そもそも通達は、新たに中途採用者に適用される別立ての就業規則を作成することを含め、既に働いている労働者の賃金に変更を生じさせることなく就業規則を改正して対処しうる場合は、この例外に該当しないとしているので、この例外が認められる場合は実際にはほとんどないと思われる。

(3) 体力・視力

体力・視力等加齢に伴いその機能が低下するものに関して、採用後の勤務時間等の関係からその機能が一定水準以上であることが業務の円滑な遂行に不可欠であるとされる当該業務について、特定の年齢以下の労働者について募集・採用を行う場合である。

例えば、業務内容が短時間に大量の製品を検査し、微細な欠陥を発見する業務であるため、視力の衰えが眼鏡等を使用したとしても業務の遂行に決定的な影響を与える場合や、重い荷物を運ぶといった業務内容であり、体力の衰えが当該業務の遂行に決定的な影響を与える場合などである。

確かに職務遂行に必要とされる体力等を正確に測ることは容易ではなく、年齢を判断指標とすることはやむを得ないともいいうる。しかし、身体的能力は同年齢の者でも違いが大きく、また事業主が職務内容を詳細に明示することで、求職者自身に当該職務に関する遂行能力の有無を判断させることもできるので、募集・採用の門戸は大きめに開けておくべきであろう。

2 職務内容等の明示

指針は、事業主が講ずべきもうひとつの措置として、職務内容等をできるだけ明示するよう努めることを示している。

年齢にかかわりなく募集・採用を行う場合、能力・適性等の評価がますます重要になってくる。ただし、ひとくちに能力・適性といっても多種多様である。例えば、財務に詳しい人の中には、節税を目的とした会計処理を得意とする人もいれば、投資などの資産運用を得意とする人もいる。このような中で「財務に詳しい人」という採用基準を設定してみても、会計処理の得意な人と資産運用の得意な人のどちらを採用すべきか判断がつきにくい。したがって、その時の能力・適性によって適切かつ公平に採用者を選択しようとすれば、職務内容をある程度特定する必要がある。求職者にとっても、職務内容が特定され明示されていれば、自分の能力を有効に発揮できる職業の選択が容易になるとともに、必要とされる能力・適性を身につけるために積極的に職業能力を開発しようとする動機づけにもなる。

このようなことから指針では、職務の内容、当該職務を遂行するために必要とされる労働者の適性・能力・経験・技術・技能等の程度と、その他、応募するに当たり労働者に求められる事項を事業主はできる限り明示することとしているわけである。

しかし、職務内容を特定したうえで能力・適性によって採用したのであれば、その後、その採用者の能力・適性が低下して当該職務に耐えられなくなった場合は、配転等によって雇用を継続させるのではなく解雇すべきではないのか、また、能力・適性の低下にあわせて採用時の賃金を減額すべきではないのかということが問題となる。このような問題が放置されているなかで、事業主が能力・適性を重視して募集・採用を行うには限界があり、年齢制限禁止の例外も雇用慣行に配慮して一定程度認めざるを得ない。したがって、年齢にかかわりなく募集・採用を行うためには、賃金・解雇などの面において能力・適性をどう重視していくのか、雇用の安定をどう図っていくのかなど、能力・適性に基づく新たな雇用ルールを確立する必要がある。

四　実効性

1　努力義務規定から禁止規定へ

募集・採用時の年齢制限を禁止規定ではなく努力義務規定にとどめたのは、年齢を基礎とした雇用慣行が存在することを配慮したからであった[10]。しかし、努力義務にとどめたことで、その実効性が疑問視される。

例えば、厚生労働省東京労働局が二〇〇一年一〇月に行った調査によれば、年齢制限を撤廃・緩和していない求人が全体の約四割を占めている[11]。また、年齢制限が撤廃されていても、求職者が年齢不問の求人先を訪ねてみると、建前は年齢不問だが実は年齢制限をしているというケースもあり、結局、年齢という求人条件を公開していないだけに過ぎないという事態が生じている。中高年齢者の雇用を促進するためには、年齢にかかわらず均等な雇用機会を与えることが重要であり、今後は、雇用慣行の変化を注視しつつ、禁止規定に改正する時期を模索する必要があろう。

しかし、禁止規定に改正し、違反した企業に対して企業名の公表、各種助成金の支給停止、罰金などの罰則を設けたとしても、それだけでは十分とは言えない。というのも事業主は応募者に対して、他の応募者の有無や、不採用の理由などを示す必要がなく、仮に年齢差別の事実があったとしても不採用者にはわからないからである。また、事業主は採用するか否かの判断要素・基準を自由に設定することができるうえに、年齢差別に関する判断基準も確立されていないので、面接の結果、コミュニケーション能力が低いなどの理由を付すことによって、事業主は年齢差別の認定を比較的容易に回避し得るからである。

2　米国の実状

実際、米国ではこれに似た事態が起きている。米国では一九六七年に「雇用における年齢差別禁止法」（以下「ＡＤＥＡ」という）[12]が制定され、採用年齢に上限を設けることが禁止されている。ＡＤＥＡは二〇人以上の労働者を雇用する使用者等を適用対象とし[13]、保護される労働者は四〇歳以上の者となっている[14]。使用者は年齢を理由に採用を拒否し、解雇し、その他労働条件について差別することなどが禁止される[15]。本法の違反行為に対しては、雇用機会均等委員会によって調査、斡旋等がなされる他、損害賠償の支払いや復職等を求めて訴訟を提起することが認められている[16]。

しかし、採用時に年齢差別がなされた場合であっても、応募者は、通常、自分の代わりに誰が採用されたのか知ることはできず、また、不採用者が年齢差別の事実を知ったとしても、申立をするよりも次の仕事を探すことを優先するため、雇用機会均等委員会に申立をする者は少ない[17]。

3　今後の課題

以上のことから、募集・採用時の年齢制限禁止の実効性を確保しようとすれば、前述したように新たな雇用ルールを確立し、努力義務規定を禁止規定に改正して罰則を設定する必要がある[18]が、それに加えて、他の応募者の有無、全応募者の年齢、不採用の理由等を不採用者に対して明示することを事業主に義務づけ、年齢差別を迅速に救済する制度を整備し、年齢差別に関する厳格な判断基準を採用するなどの措置を講ずる必要がある[19]。

（1）　但し、一部は平成一三年六月三〇日施行。

（2）　高齢者雇用に関する文献として、菊池高志「高齢者の就業」河野正輝・菊池高志編『高齢者の法』二一頁（有斐閣、一九九七）、坂本重雄「高齢者雇用保障の政策課題」季労一五六号六頁（一九九〇）、清正寛「高齢化社会における雇用政策と労使関係」労働七〇号五頁（一九八七）、同「高齢者雇用の法的課題」季労一五六号一七頁（一九九〇）、同「少子・高齢社会と労働法の課題」日本労働法学会編『講座二一世紀の労働法　第一巻』八五頁（有斐閣、二〇〇〇）、森戸英幸「高齢者の引退過程に関する立法政策」ジュリ一〇六六号一〇三頁（一九九五）、柳沢旭「高齢者雇用に伴う法律問題」労働七〇号二八頁（一九八七）、山本吉人「高齢者雇用と保護立法」労判七五九号二頁（一九九九）を参照。

（3）　総務省統計局「労働力調査」。

（4）　厚生労働省「職業安定業務統計」によると、〇・四八倍（一九九九年）から〇・五九倍（二〇〇一年）へと回復している。

（5）　厚生労働省「職業安定業務統計」、総務省統計局「労働力調査」。

（6）　日本労働研究機構が一九九九年に行った調査によると、求人に関して上限年齢を設定している企業は九割にも達し、上限年齢の平均は四一・一歳となっている。労政時報三四七五号五四頁（二〇〇一）。

（7） 小林康孝「雇用対策法制と失業問題」立法と調査八六号一五頁（一九七八）。その他、有馬元治『雇用対策法とその施策の展開』（社団法人雇用問題研究会、一九六八）、同『雇用対策法の解説』（日刊労働通信社、一九六六）を参照。

（8） この指針に対しては通達が補足説明を加えている。

（9） この三つの他に指針は、雇用慣行を考慮して、①新規学卒者を対象とする場合を示し、業務の特性に注目して、②特定の年齢層を対象とした商品販売等を行う業務に関して募集・採用する場合、③一定の年齢層の労災発生率が高い業務に関して募集・採用する場合、④劇団が子役などを募集・採用する場合を示し、法令や政策と関連して、⑤公的な助成金等の施策に応じて募集・採用する場合、⑥法令上、年齢により就業が禁止・制限されている業務に関して募集・採用する場合を示し、事業活動の継続と関連して、⑦事業活動の継続や技能承継のため労働者が少ない特定の年齢層を補充する場合を示して年齢制限を容認している。

（10） 通達、増田嗣朗「改正雇用対策法」労働法学研究会報二二四八号一三頁（二〇〇一）。

（11） 二〇〇一年一〇月三一日の朝日新聞（東京版）と毎日新聞（東京版）を参照。

（12） Age Discrimination in Employment Act of 1967, P. L. 90-202, 81 Stat. 602. ADEA に関する文献として、阿部弘「アメリカにおける一九六七年年齢差別禁止法の制定と効果」レファ二七九号三五頁（一九七四）、同「雇用における年齢差別の規制について」レファ三三九号三頁（一九七九）、石橋敏郎「アメリカにおける年齢差別禁止法」労働七〇号一二八頁（一九八七）、奥山明良「高齢者の雇用保障と定年問題」成城五〇号三三頁（一九九五）、藤本茂「年齢差別禁止立法化の前提」労旬一四九三号四頁（二〇〇〇）、森戸英幸「雇用における年齢差別禁止法」労研四八七号五七頁（二〇〇一）を参照。

（13） 29 U. S. C. S. §630 (2001).

（14） 29 U. S. C. S. §631 (2001).

（15） 29 U. S. C. S. §623 (2001). 但し、同条は例外として、一定の年齢にあることが業務の正常な遂行にとって不可欠な場合などをあげ、年齢差別に該当しないとしている。

（16） 29 U. S. C. S. §626 (2001).

（17） 森戸・前掲注(12)六五頁。

（18） 応募者のプライバシーに対する配慮が必要である。

（19） あまりに厳格な判断基準を採用すると、事業主は年齢差別と認定されることを恐れて、年齢の高い順に応募者を採用する事態が生じ得る。これは若年者に対する年齢差別となる。

（おおはら　としお）

確定拠出年金法と労働法上の問題点

山田　哲
（北海道大学大学院）

一　はじめに

少子高齢化の進展に伴う公的年金改革、産業構造の変化、労働者の就労意識・構造の変化、企業会計基準の変更、バブル崩壊以後の運用環境の悪化など、企業年金を取り巻く周辺環境は大きく変化している。こうしたなか、平成一三年の第一五一国会において、従来の企業年金制度に大きな影響を与える二つの法律が可決・成立した。確定給付企業年金法（平成十三年六月十五日法律第五十号）及び確定拠出年金法（平成十三年六月二十九日法律第八十八号）がそれである（以下、「確給法」「確拠法」と表記）。

確給法は、規約型年金及び基金型年金について規定し、税制適格年金及び厚生年金基金の代行返上の受け皿を準備するもの[1]である。このうち、規約型年金とは、事業主が年金規約について厚生労働大臣の承認を受けた上で実施する年金制度である。事業主は規約の定めるところにより資産管理運用機関に掛金を拠出する。年金受給権は事業主が裁定し、当該裁定に基づき資産運用管理機関が加入者に対し各種給付を実施することになる。一方、基金型年金は事業主が厚生労働大臣の認可を受けた上で企業年金基金を設立し実施する年金制度である。事業主は基金に対し掛金を拠出し、基金は自らの裁定に基づいて加入者に対し各種給付を実施する。その際、基金は資産運用機関との間で基金資産運用契約を締結し資産運用を行うが、自家運用も可能とされている。大まかにいって、規約型年金が税制適格年金の受け皿となり、基金型年金が厚生年金基金の代行返上の受け皿になるといえる。なお、確給法においては従前の税制適格年金制度よりも受給権保障が図られている[2]。

確拠法は、確定拠出型の企業年金制度を新たな法制度として設けることを認めたものである。従来の企業年金制度においては、事業主が各種のリスクを負うものとされたが、確拠年金においては加入者自らが運用指図を行うことで運用リスクを負うことになる。したがって、思うような運用実績が上げられぬ場合であっても、事業主は追加的な掛金拠出を求められることはない。そして、このようなリスク負担構造の転換により、従来は企業年金制度をもてなかった中小企業へも企業年金制度の普及を図ることが可能となるといわれる。また、個人別管理資産が形成されることで、労働者の転職にも対応できるようなポータビリティーが確保されることになる。

本稿は、このような企業年金制度の改革[3]のうち、「目玉商品」とでもいうべき確拠法の制度の概要を紹介し、労働法上の問題点を検討するものである。とりわけ、制度の加入者たる労働者が置かれる法的地位の基礎づけを試みるものである。

二　確定拠出年金法の概要

確拠法が設けた確定拠出年金制度は企業型及び個人型からなる。そのうち、企業型は事業主が掛金を拠出し、加入者自らが自己責任で年金資産を運用することで原資を確保するものである（個人型は加入者自ら掛金拠出）。本稿では、企業年金の範疇としての企業型を中心に検討し、関連する限りにおいて個人型にもふれるものとする。

1　制度の導入

企業型確定拠出年金（以下、「企業型確拠年金」と表記）は、厚生年金適用事業所の事業主が、単独又は共同で実施する年金制度（確拠法二条二項）である。企業型年金を実施しようとする事業主は、実施しようとする事業所に使用される被用者年金被保険者の過半数を組織する労働組合がある場合には当該労働組合、ない場合には被用者年金被保険者の過半数を代表する者の同意を得て企業型年金に係る規約を作成し、当該規約について厚生労働大臣の承認を受ける（三条一項）[4]。規約を変更する場合にも同様の手続が必要とされる（五条）。

企業型確拠年金制度は、全く新たに制度を導入する場合だけでなく、既存の企業年金制度又は退職手当制度からの移行も認められている[5]。確拠法はそのための資産の移管について規定する（五四条）。

2　制度の運用

実際の運用は、次のように行われる。すなわち、事業主は資産管理機関と給付に充てるべき積立金についての契約（以下、「資産管理契約」と表記）を締結して[6]（八条）掛金を納付し（二一条）、加入者は自らの個人別管理資産について運用の指図を行う（二五条一項）。なお、企業型年金実施事業所に使用される被用者年金被保険者は原則企業型年金の加入者となるが、年金規約において加入者となることについて一定の資格[7]を定めるときはこの限りでない（九条）。

ところで運用の指図とは、運営管理機関が提示する運用方法[8]の中から一又は二以上の方法を加入者が選択し、かつそれぞれの運用に充てる額を決定し、これらの事項を運営管理機関に示す（二五条二項）というものである。各加入者から運用の指図を受けた運営管理機関は提示運用方法ごとに取りまとめ、その内容を資産管理機関に通知し（同条三項）、資産管理機関は当該通知にしたがって、それぞれの運用の方法について契約の締結、変更又は解除その他の必要な措置を行う（同条四項）ことになる。

こうした運営管理機関のうち、(1)加入者の氏名、住所、個人別管理資産額その他の加入者に関する事項の記録、保存及び通知、(2)運用の取りまとめ及びその内容の資産管理機関への通知、(3)給付を受ける権利の裁定を行う機関が「記録関連運営管理機関」（二条七項一号）であり、(4)運用の方法の選定及び提示並びに当該運用の方法に係る情報の提供を行う機関が「運用関連運営管理機関」（同項二号）である。事業主自ら運営管理を行う場合もありうるが、通常は運営管理業務について運営管理機関に委託することになろう（七条）。

なお、運用指図を行うのは加入者に限られない。これが、掛金拠出は行われないが個人別管理資産について運用指図を行う「運用指図者」である。例えば、企業型における加入者の資格は六〇歳到達によって失われる（一一条六号）。したがって、確拠年金を実施する事業主はその者につき掛金を納付する義務を免れる。しかし、依然その者は個人別管理資産を有することから、引き続き運用指図者として運用指図を継続する必要がある。企業型確拠年金においては、このような運用指図者として六〇歳到達により資格を喪失した者及び障害給付金の受給権を有するものが規定されている（一五条）。この他の資格喪失事由が生じた場合（一一条二号～五号）については、後述する。

3　給　付

企業型確拠年金における給付は、老齢給付金、障害給付金及び死亡一時金である（二八条）。給付を受ける権利は、受給権者の請求に基づいて、記録関連運営管理機関が裁定し（二九条一項）、当該裁定に基づいて資産管理機関が年金を支給する（三三条三項など）。以下、各給付についてその概要を紹介する。

(1)　老齢給付金

老齢給付金を請求するには、加入者であった者が所定の通算加入者期間を充足することが必要である（三三条一項）。通算加入者期間とは、企業型年金の加入者期間だけでなく、個人型確拠年金の加入者期間及びそれぞれの運用指図者期間も含まれる（同条二項）。この通算加入者期間は、最長一〇年（六〇歳以上六一歳未満の者）から最短一月（六五歳以上の者）とされている。六〇歳に満たない者については老齢給付金の受給権者とはならない。また、加入者であった者の請求により記録関連運営管理機関の裁定が行われるのが原則であるが、その者が老齢給付金の支給を請求することなく七〇歳に達したときは、裁定の請求がなくとも記録関連運営機関が裁定し、当該裁定に基づいて資産管理機関はその者に老齢給付金を支給する（三四条）。老齢給付金は年金として支給することを原則とする（三五条一項）が、年金規約で定めるところにより一時金として支給することも可能である。受給権者が死亡したとき、障害給付金の受給権者となったとき及び個人別管理資産がなくなったときには、老齢給付金の受給権は消滅する。

(2) 障害給付金

障害給付金は加入者又は加入者であった者が、七〇歳に達する日の前日までの間において、国民年金法三〇条二項に規定する障害等級に該当する程度の障害（確拠令一九条）の状態に該当するに至ったときに請求することができる（確拠法三七条一項）。この場合も記録関連運営管理機関の裁定に基づき、資産管理機関が障害給付金を支給する（同条二項）。支給は年金を原則とする（三八条一項）が、規約で定めるところにより一時金としての支給も可能である（同条二項）。また、受給権者が死亡したとき又は個人別管理資産がなくなったときには、受給権は消滅する。

(3) 死亡一時金

死亡一時金は、加入者又は加入者であった者が死亡したときに、記録関連運営管理機関の裁定に基づいてその者の遺族に支給される。ただし、個人別管理資産がある限りにおいてである（四〇条）。

(4) 支給額

ところで、給付の額は年金規約の定めるところにより算定した額（二〇条）である。そのうち、年金として支給されるものは、個人別管理資産額及び支給予定期間を勘案して算定される（確拠令五条）。老齢給付金の場合には、個人別管理資産額の二分の一を超える額を超えず、かつ、二十分の一に相当する金額を下回らないものである必要がある（確拠則四条一項一号ハ）。また、支給予定期間は五年以上二〇年以下（同号ニ）とされている。しかし、終身年金の保険料の払込みによって運用の指示を行っている給付の場合には、額及び支給期間ともこの限りでない。

また、一時金として支給されるものは、個人別管理資産額をもって支給額とする（確拠則四条二項一号イ、二号イ、三号）。老齢給付金及び障害給付金の一部を一時金とする場合には、その支給の請求は一回に限られている（同項一号ロ、二号ロ）。

4 個人別管理資産の移管

企業型確拠年金の加入者は、実施事業所に使用されなくなったときには年金加入者の資格を喪失する（確拠法一一条二号）。その際、当該加入者の個人別管理資産がどうなるかが問題となる。いわゆるポータビリティーの問題である。このような場合、当該企業型確拠年金の資産管理機関から別の資産管理機関に移管されることによって、ポータビリティーの確保が図られている。

第一は、企業型確拠年金のある旧事業所から企業型確拠年金のある新事業所へ転職する場合である。この場合、新事業所において企業型年金加入者の資格を取得したときには、旧事業所の企業型年金資産管理機関は、その者の個人別管理資産を新事業所の企業型年金資産管理機関に移管するものとされている（八〇条一項一号）。

第二に、企業型確拠年金がない企業へ転職する場合である。この場合には二つの選択肢がある。すなわち、自ら個人型年金の加入者となり掛金拠出を継続すること（六二条一項）及び個人型年金の運用指図者となり個人別管理資産の運用のみ継続すること（六四条二項）である。いずれの場合も、企業型年金加入者であった者は、個人型年金を実施する国民年金基金連合会（以下、「連合会」と表記）に加入者又は運用指図者となることの申出が必要である。当該申出がなされると、企業型年金資産管理機関は、当該申出をなした者の個人別管理資産を連合会に移管する（八一条一項、八二条一項）。連合会は、個人型確拠年金の実施主体であり、かつ資産管理機関である[9]。

ところで、個人型年金の加入者となることができるのは、自営業者等国民年金の第一号被保険者及び企業年金等対象者[10]を除く六〇歳未満の厚生年金保険の被保険者である（六二条[11]）。すなわち、すでに確定給付型の企業年金が存在する事業所の従業員は、個人型年金加入者となることはできない。したがって、このような事業所に企業型年金加入者であった者が転職する場合、その者の個人別管理資産は国民年金基金連合会に移管され、個人型年金の運用指図者として運用指図を行うことになる。

転職の場合の他にも、企業型確拠年金制度が終了するなどの理由により企業型確拠年金の加入者たる資格を喪失する場合には、個人型への資産の移管が行われることになる。

5　拠出限度額

企業型確拠年金において事業主が加入者期間の各月ごとに拠出する掛金限度額については、二つの基準が設定されている。企業年金制度を持たない事業所において確拠年金を導入する場合の限度額は月額三万六千円（確拠令一一条一号）、すでに企業年金制度がある事業所の場合は月額一万八千円である（同条二号）。また、個人型年金の場合の拠出限度額は、自営業者等の場合には六万八千円から国民年金基金の掛金を控除した額（三六条一号）、被用者年金被保険者の場合には、一万五千円（同条二号）とされている。

ところで、企業型年金において掛金を負担するのは事業主であるが、事業主負担分に加えて加入者が自ら掛金を負担することは認められていない。また、企業型年金加入者が当該企業型年金とは別に、自ら個人型年金の加入者となることもできない。

6　行為準則

確定拠出年金は、加入者自らが自己の責任により資産運用を行うという新たな制度である。こうした自己責任を負う前提として、制度を実施する事業主・管理運営機関等の関係者の責務、禁止行為等が規定されている。これにより、関係者は加入者の利益のみを考慮して業務を行っていくことが求められる。自己又は年金加入者以外の第三者の利益を図る目的で運営管理業務の委託に係る契約又は資産管理契約を締結をすることや、特定の運用方法の選定をすることなどが禁じられる（確拠法四三条、一〇〇条）。

また、事業主及び運営管理機関に対する行政監督権限及び罰則も規定されている。

7　制度の終了

企業型確拠年金制度が終了するのは、事業主が過半数組合又は過半数代表の同意を得て厚生労働大臣の承認を受けた場合のほか、事業主の死亡等により企業型年金規約の承認の効力が失われた場合、企業型年金の運営が著しく適正を欠くとしてなされた厚生労働大臣の命令に反したこと等を理由として企業型年金規約の承認が取り消された場合である（確拠法四五条）。確給法においては、制度終了時に掛金を一括拠出する旨の規定がされている（確給法八七条）。これに対し、確拠法はこのような規定が存在しない。月々の掛金拠出をすれば事業主は追加的な掛金拠出を免れるのが確拠年金制度の本旨である以上、未積立という事態は生じないと考えられたためであろうが、反面、事業主が月々の掛金拠出を懈怠した場合の取扱について、明確な規定は存在しない。(12)

三　労働法上の問題点

前述したように、確拠法は制度の導入及び管理・運営については詳細な規定を置いている。しかし、加入者の置かれる法的地位については必ずしも明らかではない。そして、この点が労働法上の問題となると考えられる。例えば、事業主が掛金拠出を懈怠した場合、加入者たる労働者は誰に対し、いかなる請求をなしうるかということである。

事業主の掛金拠出義務は、制度運営に際し服する行政監督上の義務であり、資産管理契約上の義務であることは間違いない。加えて、加入者に対する義務であるとまでいえるかがここでの問題である。この点につき確拠法は、「掛金の額の算定方法（確拠法三条三項七号）」や「資産管理契約に関する事項（確拠令三条二号）」などが年金規約の必要的記載事項とされているものの、年金規約が加入者に対しいかなる効力を有するかは必ずしも明らかではない。したがって、企業型確拠年金制度の枠内で事業主の加入者に対する掛金拠出義務を基礎づけるのは、困難であると解さざるを得ない。

では、企業型確拠年金における加入者の地位はいかなるものか。これは、第三者のためにする契約たる資産管理契約における第三者に位置づけられるであろう。(13) ただし、第三者のためにする契約においては、第三者の権利が確定するまでは契約当事者による契約変更が可能とされている（民法五三八条）のに対し、企業型確拠年金制度における資産管理契約両当事者による恣意的な契約変更については、年金規約の変更に労働者の過半数代表が関与することで、一定の歯止めが掛けられていることになる。また、この第三者のためにする契約における受益の意思表示は、加入者による記録関連管理運営機関への給付の請求がこれに当たるということになる。

以上のような確拠年金制度の枠組みは、事業主による掛金拠出義務を加入者たる労働者に対する義務として基礎づけるものではない。反面、加入者たる労働者が掛金に対し何ら権利を保障されないということまで意味するものでもない。企業型確拠年金制度の枠外において、事業主は加入者に対し掛金拠出義務を負っていると解することは十分可能であると考えられるからである。[14]すなわち、労働協約、就業規則ないし労働契約において、使用者が確拠年金制度を導入する旨を定めているならば、当該規定により労働者は使用者に対し掛金拠出の権利を獲得することになる。そして、事業主による年金規約の作成は、労基法八九条三号の二の「退職手当の定めをする場合」ないし十号の「事業場の労働者の全てに適用される定めをする場合」という就業規則の必要的記載事項に該当し、通常は就業規則に規定すべきと考えられる。また、就業規則に定めのない場合についても、年金規約の作成によって使用者は労働者に対し掛金拠出義務を負うという黙示合意が労働契約の内容になると解することにより、使用者の労働者に対する掛金拠出義務を基礎づけることができるであろう。[15]

このように解することにより、企業型確拠年金制度における加入者は、第三者のためにする契約たる資産管理契約における「第三者」たる地位に止まらず、掛金拠出につき労働契約上の請求権が認められることになる。したがって、年金規約変更による掛金額の減額ないし制度終了といった場合についても、事業主は確拠法が規定する規約変更等の手続を履践するのはもちろんのこと、掛金拠出という「労働条件」を変更するための要件を充足しなければならないことになる。

四　まとめにかえて

本稿において、企業年金が賃金か福利厚生かということについては論じてこなかった。しかし、どのような性格であるにせよ、それが労働者にとって労働契約上の「権利」であることの基礎づけを試みた。企業型確拠年金の場合のみならず、確定給付型企業年金制度における規約型年金の場合にも同様の結論を導き出すことが可能であろう。[16]ただし、企業本体とは独立した基金を設立する場合については、さらに検討を加える必要がある。

企業型確拠年金制度は、年金規約に基づいて実施されるものである。当該規約の作成・変更には労働者代表の同意が要件とされており、使用者が一方的に実施できるものではない。この同意を通じて、労働者の「参加」が法律上保障されており、適切な制度設計を図るべく、労働者代表は重大な役割を担うことになる。このような同意の法的意義について検討を加えることはできなかったが、確拠年金に止まらず、他の企業年金制度、退職一時金、ひいては賃金制度や福利厚生制度など労働者の処遇全般についての労働者参加を検討する際に、重要な素材を提供すると考えられる。

(1) 確拠法附則五条により、政府は平成二十四年三月三十一日までの間に、適格退職年金契約の確定給付年金その他の制度への円滑な移行を図るため、確定給付年金制度の周知その他必要な措置を講ずるものとするとされている。

(2) たとえば、老齢給付金及び脱退一時金の支給要件たる加入者期間について上限が条文上明記された(確給法三六条四項、四一条三項)ほか、決算時及び制度終了時に積立不足が生じた場合における事業主の掛金拠出義務(六三条、八七条)などが規定されている。

(3) 今般の企業年金改革の意義を検討する文献としては、岩村正彦「新時代を迎える企業年金法」ジュリスト一二一〇号(二〇〇一年)一二頁。

(4) 規約に定めなければならない事項については確拠法三条三項、確拠令三条が規定する。

(5) 確拠年金へ移行する際の問題については、森戸英幸「企業年金制度の改変に伴う法的問題—企業型確定拠出年金の導入と労働条件の不利益変更」ジュリスト一二一〇号(二〇〇一年)四九頁。

(6) 資産管理機関たる信託会社、厚生年金基金、生命保険会社、農協連合会、損害保険会社との間で、信託の契約、生命保険・生命共済契約、損害保険契約を締結することになる(確拠法八条)。

(7) 「確定拠出年金法並びにこれに基づく政令及び省令について(法令解釈)」によると、「一定の資格」として定めることができる資格とは以下の通り。①「一定の職種」、②「一定の勤続期間」、③「一定の年齢」、④「希望するもの」。

(8) 確拠法二三条は運用の方法として、銀行等を相手方とする預貯金の預け入れ、信託会社への信託、有価証券の売買、生保会社、農協への生命保険保険料又は生命共済掛金の払込み、損害保険会社への損害保険料の払込みを規定する。

(9) 個人型年金の運営管理機関は、連合会から業務の委託を受けた運営管理機関の中から加入者自らが指定する(確拠法六五条)。

(10) ここでいう企業年金等対象者とは、企業型確定拠出年金加入者、厚生年金基金の加入員(確拠法六二条一項二号)、石炭鉱業年金基金に係る坑内員等(確拠令三五条一号)、適格退職年金契約に係る受益者（同条二号）のほか、企業型年金加入者となることについて一定の資格を定めた場合における当該資格を有しないもの（同条三号）である。すなわち、一定の勤続年数又は年齢に到達しないことにより企業型年金加入者とならないもの（確拠則三八条一号）及び企業型年金加入者とならないことを選択したもの（同条二号）である。

（11）また、公務員及び国民年金第三号被保険者も個人型年金加入者となることはできない。もちろん、企業型年金の加入者とならないこともいうまでもない。

（12）中小企業退職金共済法によると、共済契約者たる事業主が一定の月分以上掛金拠出を怠ったときには、退職金共済契約が解除されるとされている（中退法八条二項一号）。この中退共制度は、事業主が「機構」との間で従業員を被共済者とする退職金共済契約を締結した上で月々の掛金を拠出し、従業員が退職した際には機構が従業員に対して退職金を支給するというものであり、企業型確拠年金制度に類似した枠組みをとっている。

（13）中退共制度における退職金共済契約も「第三者のためにする契約」であるとされている（松崎朗「中小企業退職金共済法の解説」（一九九九年）五五頁）。

（14）事業主の掛金拠出義務については、丸一商店事件（大阪地判平一〇・一〇・三〇・労判七五〇号二九頁）参照。同事件は、求人票の「退職金共済に加入」という記載から会社に退職金共済へ加入すべき義務を認め、当該義務違反に基づく退職金請求を認容した。

（15）ここでいう合意は、年金規約の作成・変更時における従業員代表の「同意」とは理論的には異なる。しかし、当該同意の存在は黙示合意の成立を検討する際の重要なファクターとなろう。ただし、明示的に反対の意思を表明していた従業員についてどのように解すべきかという問題は残る。

（16）ただし掛金拠出の懈怠が直ちに労働契約上の義務違反となるものではなく、最終的な年金受給が確保されない場合において、初めて労働契約上の義務違反が発生することになる。

（やまだ　てつ）

〔追　悼〕

惜別　本多淳亮先生

中　山　和　久
（埼玉女子短期大学学長）

1　日本労働法学会の代表理事など、学会の重鎮として労働法学の理論的建設に携わり、長年にわたって後輩の指導に惜しみなく尽力された先生が、二〇〇一年八月九日に肺炎のため、急逝された。それまで学会には欠かさず出席されていた先生が、春学会を欠席され、心配はしていたものの、そのご逝去は私にとって、あまりに突然のことであった。ベレー帽をかぶり、「やあ、中山君元気か」というお声が今でも耳元に聞こえてきそうな気がする。その温顔とともに、お目にかかれる機会は、突然に、かつ永遠に失われてしまった。だが、そのご逝去は、あとで触れるように、同時に、労働法学における一時代の終焉を意味するものであるように思う。

五歳後輩の私が、先生の学説に触れたのは、「米国不当労働行為制度」（一九五三年）が初めてであった。そして「ピケッティングの研究」（共著・一九五五年）と続く。両者とも大学院で労働法の研究を本格的に始めたばかりの私にとって、刺激にあふれる著書であった。前者は、アメリカ法研究が質量ともになお極めて不自由な時代に、片岡曻先生の英国労働法の研究とならんで、その困難を克服した業績として、後輩に多大な刺激をあたえたものである。また後者は東京の労働法学者とは一味異なった視角と方法を採用するものとして、まだ出始めたばかりの、言論の自由を土台にして平和的説得論をアメリカの判例から援用しようとする傾向にあったピケッティング論への反論を研究する上でも、得るところが多いものであった。

先生に直接お目にかかってお話を伺えたのは、ずっと後のことであるが「本多さんのハゲはピケット張っても止まらない」と学生たちが替え歌で、本多ピケット論を評価しているとの噂を私に伝えたのは、先生と同年配の悪友、島田信義教授だったように思う。そのように先生は若くして大家の風貌を備えておられた。

2　しかとした根拠もなしに、誤解と言われることを承知の上で言わせていただければ、僅かに二年ではあるが労働委員会の事務局時代（一九四七―四九年）の先生のご経験は、その学風の決定的土台となっているように思う。労働委員会の公益委員としてのご活躍（一九六四―六六年）は、短く、かつお仕事の様子を伝える資料も手元にないので、紹介することはできないが、四七年―四九年という、旧労組法下、したがってまた日本の労働組合揺籃期の労働委員会は、現在のそれとは多くの意味で異なる役割を期待されていた。単純化していえば、ゼロから再出発する労働組合について、あるべき労働組合とその活動を直接に指導育成するようなものであったから、産業報国会から十分に脱皮していない似非労働者団体を解散させることまで、その極限に含んでいた。末弘労働組合法などは、当時の模様を伝えている。その時代を直接に体験された先生には、今日の目からみれば（一九四九年の労組法改正＝現労組法によって過去のものとなった）、結社の自由の侵害そのものにあたるような、この制度についての異常な経験の有無（先生は肯定的に答えられた）を直接に伺ったこともある。

この希な経験は追体験することのできない貴重なものであるが、この経験を通じて、単に憲法上の概念としての労働者団体ではなくて、流動変化する実在としての団結権についての認識を確立し、そのことがドグマに固執せず、実態にあわせて団結権を捉える、先生の学風を形成する上での土台を形成したのではなかろうか。先生の特徴を、自己の学説に固執せず、必要とあれば修正をためらうことがなかったことを多くの人が指摘しているが、研究生活の出発点において、象牙の塔にこもって学説を構築した人との違いであるということができるのではなかろうか。もちろん、象牙の塔にこもった人でも、末弘博士を筆頭に、フィールド・ワークによって、実態と観念との調整をはかることによって、労働法学者の学風を確立してきたのであるが。

3　先生の学問的関心は、次々に発生する労働事件に対応して、拡大しつづけた。業績一覧表をみても、精力的に、広範に、労働法の理論構築に取組まれたことは明らかである。その過程で、自己の理論が学界における多数意見になるかどうかは、先生にとって二次的な意義しか持たなかったように見える。ただひたすら労働者の保護、救済、団結の擁護に命を懸けて取組まれた。そのため必要とあれば、自己の学説の修正も意に介しなかった。もっとも、それは先生に限ったことではなく、建設途上の労働法学にとっては、多かれ少なかれ不可避的な現象であった。というより戦後労使関係の急速な展開が、理論構築にあたって予想し、前提としたものとは、異なるものになることを避け難かった。二～三年の内に学説を修正すれば、変節者よばわりされることがあっても、「一〇年経ったら、学説を修正しても、許される」と、私の記憶するところでは、私たちの共通の師であった沼田先生は、その就業規則論の修正にあたって、言っておられたように思う。

労働基準法論から労働契約論へと理論構築を展開し続けるなかで、先生が理論を作り、壊し、再構築する上で、苦しまれた痕跡は、いくつかの論文の中に見出すことができるように思う。自己に忠実な学者なら、だれでも共通に出くわす、苦しい作業であったろう。だがその苦しさを乗り越えることができたのは、関西という土地柄の故であったといえば言い過ぎであろうか。学会の中で、ほとんど双子のように、いつも並んでいた片岡先生との関係は、囲碁の場合は専らライバルであったが、理論構築面では完全な協働者であった。個々の細かな部分で、時に激論を招く理論的な違いはあっても、それが「労働者のために」なるかどうかという大目的意識では一切の齟齬はなかったようにみえる。

その協働を可能にし、発展強化させたのは、関西という地域性であったろう。すでに一九五〇年頃には関西労働法研究会（関労研）が組織され、毎月一回の研究会を重ねていた。この研究会には、学者・弁護士・組合役員そして時には裁判官が含まれていたという。それは有泉、野村、沼田という大家を中心に東京で組織されていた東京労働法研究会（東京労研）の対をなすものであったが、東京労研を細々と続けていた私たちからみれば、羨望の的であった。大阪地裁の労働事件についての反応が、東京地裁のそれよりも違ってみえることまで、この研究会の差に基づくように見えた。色川弁護士が最高裁入りして、華々しい少数意見を展開するのにたいして、東京からは大野正夫弁護士が、最高裁入りし、注目をあびる活動を展開するまで、相当の年数を必要としたことまで、地域差のように見えるのである。これらの違いを、私は関西という気候風土に化して考えてしまう。早い話が、軍国主義華やかな時代に、京大事件で政府に対して不屈の集団的抵抗をあえてしたのは、関西であり、東京ではなかった。

本多先生は民主法律協会（一九五六年―）の副会長（一九七一年）、そして会長を一九九二年からご逝去のときまで務められた。関西の風土にみあった民主化闘争の担い手でありつづけたのである。それは先生の晩年を準備した。

4　女性とのテニスは、先生の活力の源であったように思う。学会で顔を合わせるたびに、そのテニスの楽しさを繰り返し聞かされた。だから長生きできるのだ、と確信しておられた。だが女子との付き合いはテニスだけではなかった。女子労働問題には早くから取組まれ、その延長線上で、一九八五年にはナイロビでの世界女性会議に白一点（宮地光子、労旬一五一三号四六頁）として（本人は「黒一点」と称しておられたが）、参加された。その土産話は私を含む学会仲間を十分楽しませた。先生の女子人権にたいする鋭い視角に基づく活動は、その後大きく発展することになる。

大阪市大を一九八八年に定年退職されて（名誉教授）から、先生は大阪経済法科大学に移られ、二〇〇〇年三月に定年退職されるまで、教育に尽力されたが、弁護士登録されてからの先生の女子労働事件についてのご活躍は、先生の本領発揮といえるものであった。

労働運動の展開に合わせて労働法の理論構築を進めてきた時代は、先生のご逝去と同時に終わったように思う。労働問題はより深刻化し、より広く展開しているが、労働運動は昔日の輝きを失った。巨大な社会勢力を形成していた労働団体は、組織率が低下しただけでなく、細分化され、少数勢力となり、抵抗力を減退させた。かつての労働法学発展のためのエネルギー源が失われた現在、労働法学はさらなる展開の方途を模索しているように思われる。

なぜか私は先生が大好きであった。それは先生の労働法にたいする、ひたむきな姿勢に感銘し、共感するところが多かったからだと思う。

学術会議報告

西谷　敏
（日本学術会議第二部会員・大阪市立大学教授）

一　科研費問題

科研費の「分科細目表」の見直し作業が進んでいることは、すでに報告ずみであるが、二〇〇一年一二月一九日に正式に見直しについて発表がなされた。その主たる内容は、全体を、従来の八分野から、人文社会系、理工系、生物系、総合・新領域系の四つの系に再編成した点にある。「法学」は、新たに「人文社会系」のなかに位置づけられたが、法学の各分野の他に「新領域法学」が加えられた点を除いて、基本的な変更はない。審査委員は、これまでは、各学会からの推薦を受けて、学術会議の研究連絡委員会で調整して学術振興会に推薦していたが、こうした推薦方法が変更されるのかどうか、今のところ明らかではない。

二　学術会議のあり方について

学術会議の今後のあり方については、総合科学技術会議の「日本学術会議の在り方に関する検討調査会」（石井紫郎会長）が日本学術会議の会長・副会長、主要学会の代表などからヒアリングを行って検討中であるが、学術会議の方でも、「日本学術会議の在り方委員会」を組織して自ら改革の方向を提案すべく検討を進めてきた。現在一応の原案が出され、二月の連合部会と四月の総会で検討される予定である。その内容は、七〇万科学者に基礎を置いて選出された会員によって組織される、政府から独立の組織であるという、学術会議の現行法における性格規定を継承しつつ、会員数を現行の二一〇名から一挙に二五〇〇名に増加させ、その会員がさらに二一〇人の執行メンバーを選出するという大胆な案である。しかし、この案において、二五〇〇名の会員の性格づけがなお不明確（名誉職的な終身会員なのか、実際に様々な形で会員と協力して行動する会員なのか）である点、それとの関連で研究連絡委員会の位置づけが明確でない点、そして行政改革の時代における実現可能性の点などで、論議を呼ぶものと思われる。

三　ノーベル賞一〇〇周年・国際フォーラム

三月一六、一七日の午前一〇時から午後五時半まで東大安田講堂で開催される。また、三月二〇日には、同じ時間帯で国立京都国際会館で開かれる。いずれも日本術会議主催である。

四　法科大学院と法学部教育

学術会議第二部では、一七期から今期にかけて、法科大学院問題、法学部教育問題などに取り組んできたが、さらに、この問題についての検討を継続しようとしている。学術会議として性急に統一見解をまとめるつもりはないが、現在までの議論のなかで、法科大学院問題については、当初考えられていたよりも定員が増加するなかで、法科大学院が受験予備校化する危険があること、基礎法、社会法などが軽視されるおそれがあること、また第三者評価機関による評価が法科大学院の命運を決定することから様々な問題が発生するおそれのあることなどについて、共通認識が形成されている。さらに、法学部については、法科大学院が設置された後にも、法学部教育独自の重要な役割が存在するにもかかわらず、限られた教員を法科大学院に投入せざるをえないといった現実的要因によって、そこでの教育が空洞化する危険性があることが懸念される。第二部では、こうした問題についての検討を継続していく予定である。

まず、二月二四日午後一時から、基礎法研究連絡委員会と比較法学研究連絡委員会の共催で、「法曹養成と基礎法学（・比較法学）」と題するシンポジウムが計画されている（専修大学）。

また、四月三日午前一〇時から研連合同会議を開催して、大学制度の現状、大学評価問題の現状、法学・政治学教育研究体制のあり方、学術会議のあり方などについて、報告にもとづいて意見交換を行うことにしている。

さらに、社会法学研究連絡委員会では、法科大学院における労働法などの社会法科目の位置づけなどについて議論を重ねている。日本労働法学会会員の皆様からの声も反映させたいと考えるので、ご意見を研究連絡委員の浅倉むつ子会員、高木紘一会員もしくは私まで寄せて頂ければ幸いである。

（にしたに　さとし）

▨日本労働法学会第一〇二回大会記事▨

日本労働法学会第一〇二回大会は、二〇〇一年十月一四日（日）千葉大学において、「解雇法制の再検討」を統一テーマとして開催された（敬称略）。

一　統一テーマ「解雇法制の再検討」

司会　石田眞（早稲田大学）・浜村彰（法政大学）

コメンテーター　玄田有史（学習院大学）

「報告の趣旨説明」

浜村彰（法政大学）

「解雇制限の規範的根拠」

本久洋一（小樽商科大学）

「雇用終了における労働者保護の再検討

—解雇法理の実質化のために—」

小宮文人（北海学園大学）

「解雇事由の類型化と解雇権濫用の判断基準」

—普通解雇法理の検討を中心として—

根本到（神戸商船大学）

「解雇規制をめぐる立法論の課題」

島田陽一（早稲田大学）

二　総　会

1　盛選挙管理委員長より、二〇〇一年七月に実施された理事選挙の結果、以下の一〇名が当選したことが報告された（五〇音順、敬称略）。

荒木尚志、菊池高志、毛塚勝利、道幸哲也、西谷敏、西村健一郎、林和彦、山田省三、萬井隆令、和田肇

2　水野監事より、昼食休憩時に開催された当日理事会での推薦理事選挙の結果、以下の五名が当選したことが報告され、承認された（五〇音順、敬称略）。

石橋洋、高木紘一、中窪裕也、深谷信夫、村中孝史

3　深谷編集委員長より、学会誌第九八号会計報告がなされ、承認された。

4　毛塚企画委員長より、第一〇三回大会および第一〇四回大会について報告がなされた。内容は以下の通り（敬称略）。

〈第一〇三回大会〉

《個別報告》

永由裕美（中央大学）「人事考課に対する法的規整

—アメリカ法からの示唆」

井村真己（沖縄国際大学）「アメリカにおける雇用差別禁止法理の再考察」

橋本陽子（学習院大学）「労働法・社会保険法の適用対象者―ドイツ法における労働契約と労働者概念」
水町勇一郎（東北大学）「フランス労働法制の歴史と理論―労働法学の再生のための基礎的考察」
《特別講演》久保敬治（神戸大学名誉教授）
「ジンツハイマー研究余聞」
《ミニ・シンポジウム》
テーマ「労働法における労使自治の機能と限界」
報告者　大内伸哉（神戸大学）・土田道夫（獨協大学）
テーマ「女性賃金差別の法的救済」
報告者　神尾真知子（尚美学園大学）・宮地光子（弁護士）
テーマ「労働事件の専門性と労働法教育」
報告者　村中孝史（京都大学）・塚原英治（弁護士）・中山慈夫（弁護士）
〈第一〇四回大会〉
テーマ「公務員制度改革と労働法の検討課題」（和田理事担当）

5　西谷理事より、日本学術会議報告がなされた。
①　日本学術会議の今後のあり方が検討されている旨報告がなされた。具体的には、総合科学技術会議における「学術会議のあり方」の検討調査会による検討が本格化し、二〇〇二年三月から八月にかけて中間案がまとまることが報告された。
②　科研費のあり方について報告がなされた。二〇〇三年度から科研費の細目の分け方が大幅に見直されることが報告された。
③　ロースクール問題の検討が進められている旨報告がなされた。二〇〇一年四月に、ロースクール時代の法学部教育のあり方に関するシンポジウムが開かれたこと、二〇〇二年四月頃に同様のシンポジウムが開催される予定であることが報告された。社会法学研究連絡委員会において、ロースクール時代の社会法学教育の問題について検討されていることが報告された。

6　山田事務局長より、日本学術会議会員候補者の選出について報告がなされた。日本労働法学会からは二〇〇二年秋までに第一九期学術会議会員候補者を推薦することが報告された。候補者の推薦にあたっては、これまで会員による選挙で選出していたが、今回より理事会において学会員全体の中から推薦する旨提案がなされ、承認された。

7　荒木理事より、国際労働法社会保障学会について報告がなされた。

① フィリピン（マニラ）で行なわれる第七回アジア地域会議が二〇〇一年一一月二二日から二四日まで開催される旨報告された。

② スウェーデン（ストックホルム）で行なわれる第七回ヨーロッパ地域会議が二〇〇二年九月四日から六日まで開催される旨報告された。

③ ウルグアイ（モンテビデオ）で行なわれる第一七回世界会議が二〇〇三年九月三日から五日まで開催される旨報告された。

なお、日本支部では支部会員の外国語論文および著書の情報を支部会報でお知らせする予定である旨報告された。

8 入退会について

山田事務局長より、退会者二十二名、物故会員三名、および以下の一六名の新入会員が理事会において承認された旨報告がなされた（五十音順、敬称略）。

魚住泰宏（弁護士）
小原緑（エーオングループインク（日本）人事企画部）
梶川敦子（同志社大学大学院）
神山裕（エイベックス株式会社）
重元啓史（中央大学大学院）
鈴木人司（連合組織拡大センター）
髙橋史郎（日本農薬株式会社人事部）
張李暁娟（広島大学大学院）
寺山洋一（参議院法制局）
東島日出夫（中央大学大学院）
細川正一（亜細亜大学非常勤講師）
伏屋喜雄（伏屋社会保険労務士事務所）
三浦卓広（エイベックス株式会社）
水口洋介（弁護士）
水田研（東洋大学大学院）
皆川宏之（京都大学大学院）

9 深谷編集委員長より、学会誌出版体制変更について報告がなされた。

総合労働研究所からの学会誌の発行を九八号でもって終了することが理事会で決定された旨報告された。また、次号以降の出版について、現段階では出版社は未定であること、次の出版社の決定については、理事会で小委員会（渡辺代表理事、山田事務局長、菅野前代表理事、西谷元代表理事、浜村前事務局長、深谷編集委員長で構成）を設置し、九九号の発行に支障がないように速やかに選定して、実務の移行を図る旨報告がなされた。

また、山田事務局長より、学会費の値上げについて現在検討中である旨報告がなされた。

10　その他

山田事務局長より、学会誌の査読委員長を浜村理事から野田理事に変更する旨報告がなされた。また、渡辺代表理事の任期が二〇〇二年春季大会までであることから、それまでに代表理事選挙を行なう旨報告がなされた。

▨第一〇三回日本労働法学会のご案内▨

1 日時 二〇〇二年五月一二日（日） 午前九時二〇分—午後五時

2 場所 明治大学駿河台キャンパス「リバティタワー」一階

〒一〇一―八三〇一 東京都千代田区神田駿河台一―一

電話 〇三（三二九六）二三三三

3 個別報告、特別報告、ミニ・シンポジウムの内容

（敬称略）

〈個別報告〉 午前九時二〇分—一一時二五分

永由裕美（中央大学）「人事考課に対する法的規整——アメリカ法からの示唆」

井村真己（沖縄国際大学）「アメリカにおける雇用差別禁止法理の再考察」

橋本陽子（学習院大学）「労働法・社会保険法の適用対象者——ドイツ法における労働契約と労働者概念」

水町勇一郎（東北大学）「フランス労働法制の歴史と理論——労働法学の再生のための基礎的考察」

〈特別報告〉午前一一時三〇分—午後〇時一五分

久保敬治（神戸大学名誉教授）「ジンツハイマー研究余聞」

〈ミニ・シンポジウム〉午後二時—五時

第一分科会：テーマ「労働法における労使自治の機能と限界」

司会：西谷　敏（大阪市立大学）

報告：大内伸哉（神戸大学）

土田道夫（同志社大学）

第二分科会：テーマ「女性賃金差別の法的救済」

司会：林　弘子（福岡大学）

報告：神尾真知子（尚美学園大学）

宮地光子（弁護士）

第三分科会：テーマ「労働事件の専門性と労働法教育」

司会：中窪裕也（千葉大学）、山川隆一（筑波大学）

報告：村中孝史（京都大学）

塚原英治（弁護士）

中山慈夫（弁護士）

日本労働法学会規約

第一章　総　則

第一条　本会は日本労働法学会と称する。
第二条　本会の事務所は理事会の定める所に置く。（改正、昭和三九・四・一〇第二八回総会）

第二章　目的及び事業

第三条　本会は労働法の研究を目的とし、あわせて研究者相互の協力を促進し、内外の学会との連絡及び協力を図ることを目的とする。
第四条　本会は前条の目的を達成するため、左の事業を行なう。
一、研究報告会の開催
二、機関誌その他刊行物の発行
三、内外の学会との連絡及び協力
四、公開講演会の開催、その他本会の目的を達成するために必要な事業

第三章　会　員

第五条　労働法を研究する者は本会の会員となることができる。本会に名誉会員を置くことができる。名誉会員は理事会の推薦にもとづき総会で決定する。
（改正、昭和四七・一〇・九第四四回総会）
第六条　会員になろうとする者は会員二名の紹介により理事会の承諾を得なければならない。
第七条　会員は総会の定めるところにより会費を納めなければならない。会費を滞納した者は理事会において退会したものとみなすことができる。
第八条　会員は機関誌及び刊行物の実費配布をうけることができる。（改正、昭和四〇・一〇・一二第三〇回総会、昭和四七・一〇・九第四四回総会）

第四章　機　関

第九条　本会に左の役員を置く。
一、選挙により選出された理事（選挙理事）二〇名及び理事会の推薦による理事（推薦理事）若干名
二、監事　二名
（改正、昭和三〇・五・三第一〇回総会、昭和三四・一〇・一二第一九回総会、昭和四七・一〇・九第四四回総会）
第十条　選挙理事及び監事は左の方法により選任する。
一、理事及び監事の選挙を実施するために選挙管理委員会をおく。選挙管理委員会は理事会の指名する若干名の委員によって構成され、互選で委員長を選ぶ。
二、理事は任期残存の理事をのぞく本項第五号所定の資格を有する会員の中から十名を無記名五名連記の投票により選挙する。

三、監事は無記名二名連記の投票により選挙する。
四、第二号及び第三号の選挙は選挙管理委員会発行の所定の用紙により郵送の方法による。
五、選挙が実施される総会に対応する前年期までに入会し同期までの会費を既に納めている者は、第二号及び第三号の選挙につき選挙権及び被選挙権を有する。
六、選挙において同点者が生じた場合は抽せんによって当選者をきめる。
推薦理事は全理事の同意を得て理事会が推薦し総会の追認を受ける。
代表理事は理事会において互選し、その任期は一年半とする。（改正、昭和三〇・五・三第一〇回総会、昭和三四・一〇・一二第一九回総会、昭和四四・一〇・七第三八回総会、昭和四七・一〇・九第四四回総会、昭和五一・一〇・一四第五二回総会）

第十一条　理事会及び監事の任期は三年とし、理事の半数は一年半ごとに改選する。但し再選を妨げない。
補欠の理事及び監事の任期は前任者の残存期間とする。（改正、昭和三〇・五・三第一〇回総会）

第十二条　代表理事は本会を代表する。代表理事に故障がある場合にはその指名した他の理事が職務を代行する。

第十三条　理事は理事会を組織し、会務を執行する。

第十四条　監事は会計及び会務執行の状況を監査する。

第十五条　理事会は委員を委嘱し会務の執行を補助させることができる。

第十六条　代表理事は毎年少くとも一回会員の通常総会を招集しなければならない。
代表理事は必要があると認めるときは何時でも臨時総会を招集することができる。総会員の五分の一以上の者が会議の目的たる事項を示して請求した時は、代表理事は臨時総会を招集しなければならない。

第十七条　総会の議事は出席会員の過半数をもって決する。総会に出席しない会員は書面により他の出席会員にその議決権を委任することができる。

第五章　規約の変更

第十八条　本規約の変更は総会員の五分の一以上又は理事の過半数の提案により総会出席会員の三分の二以上の賛成を得なければならない。

学会事務局所在地
〒一九二―〇三九三　東京都八王子市東中野七四二ノ一
中央大学法学部研究室内
電話・ＦＡＸ　〇四二六（七四）三二四八
（事務局へのご連絡は毎週月曜日
午後一時より四時までの間に願います）

Un probléme récent du licenciement et la politique sur le marché du travail

Akira HAMAMURA

Le fondement de la limitation du droit de licenciement

Yoichi MOTOHISA

Reconsideration on Legal Protection of Workers at Employment Termination

Fumito KOMIYA

It can be said that protection of workers at employment termination started from regulation of dismissal. Dismissal may deprive the worker and his (or her) family of their only financial resources. It also means that the worker is excluded from the workplace community through which the worker derives his social status and self-esteem and which may provide the principal source of friendships and social status. Moreover, the threat of dismissal may make it easy for employers to lower working conditions. The significance of regulation of dismissal may be easily undermined by an employer's making use of fixed-term contracts, including various automatic causes of termination or applying all means to force employees to retire. In order to avoid this, it is necessary to regulate causes of employment termination other than dismissal. In order to achieve this purpose, it is not enough to deny legal effects of dismissal, involuntary agreement of termination and expiry of fixed-term contract termination. It is also vital to establish some theory of contract or tort by which an employee can claim for damages including loss of future wages which would be paid but for his dismissal or forced resignation. This article examines the present state of regulation of employment termination in Japan, states its inadequacy from the perspective of employment protection, proposes a new interpretation of some key concepts of law of employment termination and argues that loss of future wages should be recoverable in cases of dismissal and forced resignation. The structure of this article is as follows :

Die Typisierung der Kündigungsgründen und die Beurteilung vom Mißbrauch der Kündigung

— besonders für die Theorie der personenbedingten und verhaltensbedingten Kündigung

Itaru NEMOTO

Essai sur la réglementaion législative concernant le licenciement au Japon

Yoichi SHIMADA

Au Japon, on commence à demander s'il faut les mesures législatives pour restreindre le droit de licenciement. L'objet de cet article est de présenter mon projet d'essai sur la réglementation législative concernant le licenciement et de dévélopper scientifiquement les discussions concernant la réforme de loi sur le licenciement.

Pour ceux qui sont pour la réglementation législative concernant le licenciement, il est obligé de montrer leur appréciation sur cette situation juridique. Par conséquence, d'abord j'indique mon évaluation de la loi en vigueur et le jurisprudence concernant le licenciement. Cela explique pourquoi on doit aborder de front la réforme de loi sur le licenciement.

Puis, j'expose concrètement mon projet d'essai sur la réforme de loi sur le licenciement. Les matières que je traite ici, sont suivantes :

1 . Motifs que l'employeur ne peux pas invoquer valablement lors du licenciement.

2. Motifs valables de licenciement.
3. Procédure à suivre avant le licenciement.
4. Préavis
5. Dispositions complémentaires concernant les licenciement pour motifs économiques, technologiques, structurels ou similaires.
6. Santions
7. Procédure de recours contre le licenciement.
8. Autres mesures pour efficacer la réglementation législatives sur le licenciement.

編集後記

□　日本労働法学会第一〇二回大会は、二〇〇一年一〇月一四日に千葉大学において開催された。統一シンポジウムのテーマは、「解雇法制の再検討」である。

□　解雇制限法理に関して、ここまで多様な分析がまとまった形でなされたことは、今回のシンポジウムが初めてであろう。また、労働法学者により解雇法制に関する具体的な立法提案が検討される必要があることは、多くの会員に認識されていたと思われるが、実際にこれを行うことは容易ではない。今回の報告者チームが、本学会でこれを提示するにあたっては、相当の議論の積み重ねがあったものと推測される。質疑も活発に行われたが、これは、この問題に関する各会員の関心の高さを示すものであったと言えよう。

□　本学会の活動に深く寄与され、労働法学会研究の興隆に尽くされた本多淳亮会員（大阪市立大学名誉教授）が逝去された。先生の学恩に感謝するとともに、謹んでご冥福をお祈りしたい。

□　本号から、日本労働法学会誌を法律文化社にお願いすることになり、同社の岡村勉社長、編集部の秋山泰氏、田多井妃文さんをはじめ多くの方々にご協力いただいた。ここに記して謝意を表したい。

（永野／記）

《編集委員会》
深谷信夫（委員長）、石田眞、有田謙司、石井保雄、小西康之、斉藤周、谷本義高、永野秀雄、藤川久昭、本久洋一、水町勇一郎、村中孝史、山川隆一

解雇法制の再検討　　日本労働法学会誌99号

2002年5月10日　印　刷
2002年5月20日　発　行

編集者
発行者　日本労働法学会

印刷所　株式会社　共同印刷工業　〒615-0064 京都市右京区西院久田町78
電　話　(075)313-1010

発売元　株式会社　法律文化社　〒603-8053 京都市北区上賀茂岩ヶ垣内町71
電　話　(075)791-7131
F A X　(075)721-8400

2002© 日本労働法学会　Printed in Japan

ISBN4-589-02590-6